从零开始做
保险销售

周洲_著

INSURANCE SALES

天津出版传媒集团
天津科学技术出版社

图书在版编目（CIP）数据

从零开始做保险销售 / 周洲著. -- 天津 : 天津科学技术出版社, 2019.7

ISBN 978-7-5576-6612-5

Ⅰ. ①从… Ⅱ. ①周… Ⅲ. ①保险业务—销售 Ⅳ. ①F840.4

中国版本图书馆CIP数据核字(2019)第125185号

从零开始做保险销售

CONGLINGKAISHI ZUO BAOXIAN XIAOSHOU

责任编辑：方　艳

出　　版：天津出版传媒集团
天津科学技术出版社

地　　址：天津市西康路35号

邮　　编：300051

电　　话：（022）23332695

网　　址：www.tjkjcbs.com.cn

发　　行：新华书店经销

印　　刷：大厂回族自治县彩虹印刷有限公司

开本 710×1000　　1/16　　印张 14　　字数 120 000

2019年7月第1版第1次印刷

定价：42.00元

前言

按照《现代汉语词典》的解释，保险的含义是“稳妥可靠”。也就是说，保险应该作为一种保障机制存在。然而，由于思想观念一直没有转变过来，很多人依然对保险充满了排斥。提起保险销售员，很多人的脑海里便会浮现出“骗子”“忽悠”等充满贬义的词汇。

人们的误解，使保险销售员遭受了很多拒绝和质疑，保险销售似乎也成了一个不受欢迎的职业。然而，事实果真如此吗？当然不是。在保险行业中，很多销售员把工作做得风生水起，获得了惊人的销售业绩。

经过20多年的发展，中国的保险销售模式已经从单纯推销产品过渡到品牌营销。品牌营销是一种更高层次的营销模式，对保险销售员提出了更高的要求。在这种模式下，销售员已经不能简单地满足于做好销售，还要注重个人品牌的提升。要想做到这一点，仅仅拥有销售技巧，显然是不够的。

本书分为理论知识、新手实践、高端进阶3篇，循序渐进地帮助保险销售员从零基础做到全精通。就具体内容而言，本书不仅有保险专业知识的讲述，如保险险种、保险计划书、保险合同等；还有销售技巧的实战演练，如挖掘客户需求、化解客户拒意、消除客户异议、维护客户群体等；更有提升销售等级的实用经验，如针对不同类型客户的销售策略、大客户开发的方法、组织增员的方式等。这些知识、技巧及经验，都能即查即用，对保险销售工作会有极大的帮助。

本书的另外一个特点，就是融入了许多真实的保险销售案例，其中不乏乔·坎多尔弗、弗兰克·贝特格、陈明莉、原一平、齐藤竹之助、柴田和子、叶云燕、克莱门特·斯通等人在销售过程中遇到的经典案例。有这些保险销售明星亲身示范，相信每个销售员都会受到极大的鼓舞，得到有益的启迪。

总而言之，这是一本集通俗性、可读性、务实性、可操作性于一体的保险销售工具书，能为保险销售员提供必需的专业知识和销售技巧，有助于销售员提升自己的知识储备和销售水平。

目录

理论知识篇

第一章 初涉保险销售，相关基础知识了解一下

第二章 熟知保险产品分类，为客户提供更多的选择

第三章 量身打造，为客户制作契合的保险计划书

第四章 签订保险合同，有些事情必须得知道

新手实践篇

第五章 客户需求不明？做好探访“广撒网”

高端进阶篇

理论知识篇

第一章

初涉保险销售，相关基础知识了解一下

- 卖保险，要先知道什么是保险
- 保险销售员必知的*N*个专业术语
- 保险销售有哪些原理
- 推销和行销的区别在哪里
- 保险销售员的着装原则

卖保险，要先知道什么是保险

问 保险是如何定义的？

答 从理论上讲，保险分为广义保险和狭义保险。

作为一名保险销售的从业人员，掌握一些与保险相关的知识是一种必备的基础技能。如果对保险知识一无所知，就匆忙地加入保险销售员的大军，那显然是十分盲目的，而且难以取得良好的业绩。

下面我们先重点了解一下保险的定义、属性、功能及作用。

1. 保险的定义

从理论上讲，保险有广义和狭义之分。

（1）广义保险包括商业保险、社会保险和政策保险等所有采取保险方式来处理危险的社会化保险机制。

（2）狭义保险仅指商业保险，就是采取商业手段并严格按照市场法则运行的保险机制。

2. 保险的属性

就保险的本质属性而言，它反映的是一种经济关系，具体表现在以下两方面。

（1）保险人与被保险人之间的收入再分配关系。

（2）保险人与被保险人的商品交换关系。

从经济和法律的角度进行分析，又可以把保险视作经济关系和法律关系的共同体，这同样表现在以下两方面。

（1）从经济的角度来说，保险是一种损失分摊的方法。保险人把多数单位和个人缴纳的保费当作保险基金，当少数成员遭受损失时，则从基金中拿出相应的资金作为补偿，也就是由全体被保险人一起分担损失。

（2）从法律的角度来说，保险是一种合同行为，也就是通过签订保险合同，明确保险人与被保险人各自的权利和义务。保险人有按照合同规定收取保费的权利及提供赔偿的义务，被保险人则有按照合同规定获取赔偿的权利及缴纳保费的义务。

3. 保险的功能

从功能性的角度来说，保险有经济补偿、资金融通和社会管理三大功能，它们有机地联系成一个整体。

（1）经济补偿功能是保险的基本功能，也是保险区别于其他行业的显著标志之一。

（2）资金融通功能是以经济补偿功能为基础，逐步发展起来的。

（3）社会管理功能是保险业发展到一定程度并参与到生活的诸多层面以后，才逐渐产生的一项重要功能。

销售精英如是说

无论卖什么，都要让它清晰地传达给潜在客户：买了它比不买它要来得好。

——金克拉

4. 保险的作用

就个人而言，保险主要有两方面的作用：

（1）为稳定的家庭生活提供一定的保障。

（2）为个人及家庭的资金积累提供一个途径。

保险知识是销售员进一步推广业务的理论基础，也是提升理解能力和销售水平的基本保障。也可以说，保险知识是销售员开启销售大门的钥匙，是登上销量王座的第一个台阶。只有踏踏实实夯实基础，才能获得令人满意的保险销量。

销售案例

2015年6月1日晚，湖北省荆州市监利县境内发生了一起重大的沉船事件。“东方之星”号游轮因突遇龙卷风而翻沉于大马洲水道，船上454名人员全部落水，442人遇难。

事件发生后，保险行业启动“重大突发事件应急预案响应”程序，积极展开客户信息查询、安抚投保人家属、开通理赔绿色通道、简化理赔手续、异地理赔、上门理赔等各项工作，高效、快速地保护投保人的利益。

中国保监会对这一重大事件也十分重视，于6月11日召开工作会议，对该事件的承保理赔情况进行通报：经排查统计，保险业共承保失事客船船东、相关旅行社、乘客和船员投保的各类保险340份，保险金额共计9252万余元。保监会要求，保险行业要切实做好保险理赔服务工作，在保险责任范围内做到应赔尽赔，通融赔付。

案例分析

这个案例，很好地体现了保险的经济补偿功能。正是因为遇难人员购买了保险，才获得了一定的经济补偿。尽管宝贵的生命已经难以挽回，但是在难以预料的灾难面前，保险至少能帮助遇难者家属渡过难关。

保险销售员必知的 N 个专业术语

问 保险行业中，常见的专业术语有哪些？

答 有保险人、被保险人、受益人、保险事故、保险单等。

对于保险销售员来说，熟练地掌握保险专用术语的含义是一项必修的基本功。如果连基本的职业素养都没有，就很难在保险行业占据一席之地的。

在日常工作和生活中，保险销售员应该时刻注意学习和巩固这方面的知识，只有打好基础，才能得到提高。

当然，保险行业的专业术语确实很多，要想一下子全部掌握，未免有些痴人说梦。保险销售员要放平心态，由浅入深地逐步学习。

1. 基础术语

术语	定义
投保人	与保险人订立保险合同，并按照合同约定负有支付保险费义务的人
保险人	与投保人订立保险合同，并按照合同约定承担赔偿或者给付保险金责任的保险公司
被保险人	财产或者人身受保险合同保障，享有保险金请求权的人

续表

术语	定义
受益人	人身保险合同中由被保险人或者投保人指定的享有保险金请求权的人
保险标的	作为保险对象的财产及其有关利益或者人的寿命和身体
保险金额	保险人承担赔偿或者给付保险金责任的最高限额
保险利益	投保人或者被保险人对保险标的具有的法律上承认的利益
告知	投保人在订立保险合同时对保险人的询问所作的说明或者陈述
保险事故	保险合同约定的保险责任范围内的事故
保险责任	保险人按照合同约定，对可能发生的事故因其发生所造成的财产损失，或者当被保险人死亡、伤残、疾病或者达到合同约定的年龄、期限时承担的赔偿或者给付保险金的责任
再保险	保险人将其承担的保险业务以分保形式部分转移给其他保险人的行为

2. 合同术语

术语	定义
保险单	简称为“保单”，是投保人与保险人之间订立的保险合同的正式书面文件，或者说是一种格式化的保险协议书，由保险人制订和印制，在达成协议后交由双方保存
保险凭证	又称作“小保单”，是保险人发给投保人以证明保险合同业已生效的文件，它是一种简化的保险单，与对应的保险单具有同样的作用和法律效力
投保单	又称作“要保单”，是投保人向保险人递交的申请订立保险合同的书面要约，由保险人事先印制，投保人填写

续表

术语	定义
暂保单	又称作“临时保单”，是保险人在正式保单出立之前给予投保人的一种临时保险凭证，具有与正式保险单同等的法律效力，并在正式保险单交付时自动失效
批单	是合同双方当事人就已经签订的保险合同进行修改、补充或增删内容时使用的，由保险人出立的一种书面凭证
保险协议书	是投保人与保险人经协商一致后共同拟定的书面协议，其中载明了当事人的权利和义务，并由当事人盖章或签字
免责条款	保险合同中载明的保险人不负赔偿或者给付保险金责任的范围的条款
特约条款	保险合同当事人于基本条款之外，自由约定地履行特种义务的条款，其实质是对基本条款的修正或者限制
格式条款	当事人为了重复使用而预先拟定，并在订立合同时未与对方协商的条款
生效条件	使合同的效力发生或者不发生的条件。在此条件出现之前，合同的效力处于不确定状态；当此条件出现后，合同生效
生效期限	使合同发生效力的期限
终止期限	使合同效力消失的期限

3. 赔付术语

术语	定义
危险单位	一次保险事故可能造成的最大损失范围所承担的责任
报案	投保人或受益人通知保险人发生保险事故的行为

续表

术语	定义
立案	保险公司核赔部门受理客户索赔申请，进行登记和编号，使案件进入正式的处理阶段的过程
偿付能力	保险公司对被保险人、受益人履行合同约定的赔偿或者给付保险金责任的能力
偿付能力充足率	又称作“资本充足率”，是保险公司的实际资本与最低资本的比率
理赔	保险标的发生风险事故后，保险人对被保险人或受益人提出的索赔要求进行处理的行为
诉讼时效	又称作“索赔时效”，是投保人或者被保险人在保险标的因保险事故而遭受损失后，按照保险合同的有关规定，请保险人给予经济补偿或者给付保险金的权利行使期限

保险销售员熟练掌握相关的专业术语，不仅有助于避免一些无谓的失误，还能凭专业性增加说服力，使客户更愿意签订保单。如果销售员能在充分理解专业术语的前提下，对它们进行正确的解析，以通俗直白的语言向客户传达信息，那就更能激发客户的兴趣，从而更快速、更高效地达成销售目标。

销售精英如是说

任何商品都有它独特而有趣的话题，不妨给你的客户讲一讲。

——原一平

销售案例

2013年10月31日，潘先生在农村信用社贷款255万元，同时投保《国寿小额贷款借款人意外伤害保险》，意外身故保额为255万元。同年11月12日，潘先生因车祸不幸身亡。潘先生的家属对他投保一事并不知情，所以并未报案，也未提出索赔要求。11月26日，得知潘先生意外身亡的消息后，中国人寿株洲分公司一边将潘先生投保的情况告知其家属，一边积极进行案件调查，并帮助家属完善、补充意外身故证明材料，向保险公司提出索赔要求。最终，中国人寿株洲分公司在最短时间内完成了内、外部审核流程，赔付受益人意外身故保险金255万元。

案例分析

在保险销售的每个环节中，专业术语都是重要的组成部分。了解相关术语，能够更快速、更专业地为客户解答问题、提供帮助，以更高的效率实现销售目标，并为客户提供更高质量的服务。

保险销售有哪些原理

问 保险销售原理与哪些方面息息相关?

答 卖点、销售和成交方法。

做保险销售就是做保险买卖，客户愿意买，保险销售员才有可能把保险卖出去。那么，客户想要买的究竟是什么？销售员要卖出去的又是什么？对于这两个问题，很多刚入行的销售员并不能很好地理解和做出解答。

客户选择购买保险，虽然是为了给自己或家人一份保障，但是他们关注的并不仅仅是保险这个产品。毕竟，保险公司有很多，保险产品有很多，保险销售员也有很多，为什么偏偏要从你这里买保险呢？说到底，客户购买的是一种体验。

很多保险销售员觉得保险销售不好做，产品很难卖出去，就是因为他们把保险当成了一种产品，卖的是产品的成分。销售员辛辛苦苦地把保险条款一一讲给客户听，甚至细致到发生车祸断一条腿多少钱，最终却无法完成签单，这种失望的心情可以理解，但是从销售原理的角度来说，这种失望是正常的——这些销售员没有意识到卖保险就是卖好处，没有让客户真真切切地感受到买保险会有什么益处。

要想成功签订保单，了解“买什么”和“卖什么”是非常重要的，这其中涉及一些基础而重要的销售原理。从卖点的角度来说，就是客户通过购买保险能够得到怎样的保障和收益；从销售的角度来说，推销的是自己，售卖的是观念；从成交方法的角度来说，有增加快乐法和增加痛苦法。

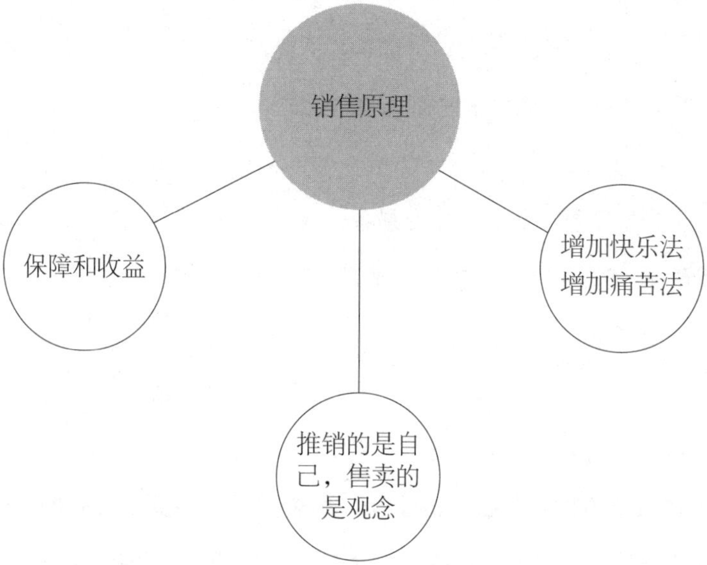

1. 卖点：保障和收益

想做好保险销售工作，首先要了解自己的保险有什么与众不同的卖点。比如，保险等待期短、理赔方式灵活等。这些独特的卖点，一定要清清楚楚地讲给客户听。有些销售员感觉找不出什么独特的卖点，主要是因为对自己的保险产品了解得不够充分。

卖保险其实就是卖保障和收益，告诉客户买了保险会有什么保障、投入多少能拿回多少、保险具有怎样的灵活性等，把好处都讲给客户听，客户更容易做出投保的决定。

2. 销售：推销的是自己，售卖的是观念

在面对客户的时候，很多保险销售员习惯于一见面就推销自己的公司，或是迫不及待地介绍保险产品，这种做法导致的后果就是，大部分的客户都会表示拒绝。之所以如此，是因为销售员搞错了流程。销售首先是推销自

己，其次是售卖观念，再次是推销公司，最后才是推销产品。

如果有人问乔·吉拉德卖的是什么，他总会说“我卖乔·吉拉德”。推销自己，就是乔·吉拉德成为最伟大推销员的秘诀。销售保险也是同样的道理，只有先把自己“卖”出去，才能卖掉保险。

3. 成交方法：增加快乐法和增加痛苦法

毫不夸张地说，能否成交是衡量一名推销员的关键所在。能够顺利成交者，会被称为推销员；无法达成交易者，就只能被看作是一名宣传员。

那么，如何实现成交呢？通常来说，有两个常见的方法，一个是增加快乐法，另一个是增加痛苦法。

增加快乐的方法有很多。比如，赠送客户小家电或购物卡之类，客户既得到了保障，又增加了快乐，自然会更加愿意投保。

增加痛苦的方法也有很多。比如，给客户讲一些突发疾病的故事，让客户真切地感受到不买保险可能遇到的困境，这会促使客户做出投保的决定。

做好保险销售并非易事，这一点毋庸置疑。但是保险销售员也不能妄自菲薄或轻易放弃，而是应该挖掘本质，掌握原理，从根本上解决保险难卖的问题。

销售精英如是说

销售就是不断地去找更多的人，以及销售给你找的人。

——汤姆·霍普金斯

销售案例

一年夏天，世界级营销大师齐藤竹之助参加了公司的集体活动，乘火车去上田温泉。坐到自己的座位上之后，他发现对面坐着一位30多岁的女士，这位女士带着两个孩子，年龄大的5岁左右，小一点儿的3岁左右。

齐藤竹之助觉得这是一个推销保险的好机会，于是趁着火车在熊谷站停靠的机会，特意购买了当地的特产送给这位女士，并借此机会聊起了家常。

一番闲聊之后，齐藤竹之助了解到女士打算带着孩子在轻井站下车，找个旅馆休息，第二天再乘车前往草津。轻井是旅游胜地，又恰逢夏季高峰期，想必旅馆并不容易找。齐藤竹之助便说："我对轻井比较熟悉，如果您愿意，我可以帮您找一家旅馆。"女士听后非常高兴，诚挚地感谢齐藤竹之助，并邀请他有时间到自己家做客。

两个星期后，齐藤竹之助便按照女士给的地址前去拜访。最终，这位女士全家都成了齐藤竹之助的客户。

案例分析

齐藤竹之助发现商机以后，并没有急急忙忙地推销自己的保险，而是先把自己推销给那位女士。随着友情的逐渐加深，女士一家自然而然地就成了齐藤竹之助的客户。这个案例很好地说明了推销自己的重要性，只有先"卖"出自己，才能卖出保险。

推销和行销的区别在哪里

问 增加行销业绩的方法有哪些?

答 增加客户数量、增加客户购买的额度、提升客户重复购买的频率等。

销售是一门深奥的科学，也是一门精妙的艺术。从形式上说，主要有推销和行销两种。什么是推销？推销就是把东西卖好。什么是行销？行销就是让东西变得好卖。

推销是销售员和客户进行一对一的交流，行销则是销售员和客户进行一对多的交流。销售员把客户组织到一个固定的场所，实际上就是行销的一种模式。想通过推销的方式说服客户也许并不容易，但是如果能邀请客户参与发布会或交流会，用会场的气氛去感染他，他很可能就愿意坐下来听一听。

推销侧重于行动，需要更多的行动力；行销侧重于策划，需要耗费更多的脑力。在超市里，常常可以看到很多企业做促销活动，让顾客品尝后再购买，这其实就是一种推销。行销则是在最大的范围内撒下“饵料”，吸引客户主动购买。可口可乐的销售员很少在超市做促销，就是因为可口可乐的广告做得好，已经通过行销的方式打开了市场。

世界上著名的大企业，行销一般都做得很好。平安保险的电话车险，实际上就是在做行销。虽然电话行销的人不算多，但是业务量已经做到了令人吃惊的程度。这并不是因为行销人员拥有巨大的能量，而是因为公司的行销做得好。

实际上，不仅仅是大公司，每个人在做业务的时候都可以用到行销的概念。通过行销来增加个人业绩，一般有三个常用的方法。

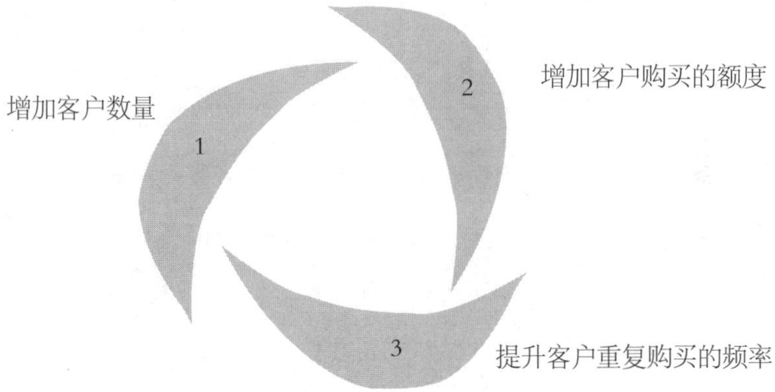

1. 增加客户数量

对于新入保险行业的销售员来说，提升业绩最基本的方法就是增加客户的数量。越是缺少客户的销售员，越需要通过行销的方式拿到更多的客户名单。

保险是一个长期的产品，客户自然会有长远的考虑，所以往往会在考察之后再做出是否购买的决定。在这种情况下，要想跟每个潜在客户都签下订单显然是不现实的，所以销售员更应该努力增加客户数量。只有客户数量积累到一定程度，销售额才能有相应的提升。

2. 增加客户购买的额度

在客户数量相对稳定的情况下，增加客户购买的额度也能有效地提升销售业绩。那么，如何才能让客户增加购买额度呢？满额赠送、限期优惠等，都是很好的方法。比如，客户购买三份保险，就可以赠送微波炉；或者是销售的险种下个月就要停售，客户如果觉得好，可能就会多买几份。

3. 提升客户重复购买的频率

一般情况下，客户不会只购买一份保险，他们还会给自己的家人购买，甚至一个人购买多份保险。也就是说，有了一个客户，就意味着有了好几个潜在的客户。开发现有的客户，提升客户重复购买的频率，显然比开发新客户要容易得多，所以这是一个提升业绩的捷径。

那么，如何让客户重复购买呢？这需要良好的服务做后盾。客户得到良好的投保体验，自然愿意为自己或家人增加一份保障，甚至会主动为保险销售员做宣传，这种相对轻松的方式，销售员应该多加以运用。

总体而言，增加客户购买的额度和提升客户重复购买的频率是两个相对轻松的提升业绩的行销方法。从某种角度上说，推销是一项基本功，要想做业务，就必须学会推销。但是行销做得好，推销就会变得容易很多，甚至行销做得足够好，推销会变得可有可无。

销售精英如是说

推销是一种说服、暗示，也是一种沟通、要求，因此，每个人时时刻刻都在推销。

——博恩·崔西

销售案例

叶云燕是平安保险2009年度的销售冠军，在她身上出现过两个经典的行销案例。

一个是2008年北京奥运会前夕，她得到了一个信息：在奥运会开幕之前，可以在北京的邮局邮寄一张明信片，这张明信片会在奥运会开幕当天送达收件人。于是，叶云燕一口气买了1000张明信片，分别寄给了自己的客户。虽然明信片本身不值多少钱，但是因为它蕴含着重要的纪念意义，所以让客户十分惊喜，而且非常珍爱。

另一个是中秋节时，大多数销售员会送月饼给客户，而叶云燕送给客户的则是水果。她把每种水果的功效、吃法等都写在一张卡片上，一同寄送给客户。虽然水果十分平常，但是这个卡片给客户留下了深刻的印象，这种关怀和体贴让客户对叶云燕产生了更多的信任。

叶云燕能够把业务做得那么好，既不是偶然，也不是运气，而是因为她在很用心地做行销。

案例分析

叶云燕很好地运用了行销的手段，通过简单而有效的手段，尽量增加与客户接触的机会，在这种模式下，逐渐增加了客户数量，提升了销售业绩。

保险销售员的着装原则

问 保险销售员在选择着装时，应该遵循什么原则?

答 首先是性别原则，其次是一般原则。

初涉保险行业的销售员，不仅要熟练掌握保险的专业知识，还要在着装方面多下功夫。所谓“人靠衣装马靠鞍”，良好的着装能够体现销售员的品位，也能给客户留下较好的第一印象。

在挑选服装时，保险销售员必须遵循一定的原则。通常来说，首要原则是性别原则，其次是一般原则。

1. 性别原则

男性	①男性保险销售员的正统服装是西服，西服应该得体、正式，才能彰显销售员的良好品位和风度，服装颜色上应以偏深色为主 ②男性保险销售员应该彰显稳健、刚强的个人形象，以个人魅力赢得客户信任，所以最好不要佩戴首饰
女性	①女性保险销售员的服装不能过于男性化，也不能过于柔美。过于刚强的感觉会让客户却步，过于柔弱的感觉则会让客户失去信心 ②女性保险销售员佩戴首饰可以起到装饰、美化的作用，应该恰当、精良，而不能佩戴过多或者过于华丽，以免引起客户的反感

2. 一般原则

品质	品质低劣的服装会让客户产生颓废、失败的感觉，保险销售员应该尽量避免
颜色	服装颜色应该简洁、大方，过于花哨的颜色会给客户轻浮的感觉，还会降低对保险销售员的信任度
标识	代表公司的标识能够提升说服力，促成交易达成，在符合自身形象的前提下，保险销售员可以适当佩戴
太阳镜	客户只有看到保险销售员的眼睛，进行眼神交流，才会信任销售员，所以保险销售员不应该佩戴太阳镜
流行服饰	流行服饰虽然新潮，却无法给客户踏实、稳重的感觉，使客户对保险销售员产生不信任感，所以还是不穿为好
衣着规整	即便很热，也不要随意脱掉西装上衣，不规整的衣着会削弱保险销售员的威严感

要想成为一名优秀的销售员，就要从多方面加强修炼。在诸多因素中，着装是非常重要的一个构成部分。不同的着装，会给客户带去不同的感受，只有遵循相应的着装原则，才能给客户留下自然大方、彬彬有礼的第一印象，才能有助于工作的有序展开，促进销售目标的达成，实现销售业绩的提升。

销售精英如是说

让焦虑的感觉服务于你，而不是与你作对，这样完全可以克服销售拜访中的胆怯。

——金克拉

销售案例

王晨和李莉是大学同学，两个人关系不错，但是在穿衣风格上有很大不同。

大学毕业后，两个人同时进入一家保险公司做销售员。按照规定，两个人都穿上了职业装。只不过王晨喜欢穿长裤配西装，而李莉偏爱裙装。

两个人工作都很努力，业务水平也相差无几。可是在人气方面，王晨总是略输一筹。半年后，两个人都从销售员晋升为销售主管。她们互相鼓劲，期望可以再接再厉，得到更好的职位。

一年后，李莉顺利地当上了销售经理，王晨却依旧停留在销售主管的位子上。对公司的这个决定，王晨百思不得其解，于是虚心向李莉求教。李莉并未多说，只是告诉王晨："穿职业裙装的女人更有魅力哦！"说完，便大笑起来。

王晨恍然大悟，这才知道是穿着给自己减分了。

案例分析

王晨和李莉有着一样的学历，经验和努力程度也相差无几，可是晋升之路却不如李莉顺遂。主要原因在于，王晨的穿衣风格并不能很好地展现她的女性魅力。而且，职位越高，对衣着的要求就越高，只有符合原则的着装，才能让人心生好感。

第二章

熟知保险产品分类，为客户提供更多的选择

- 意外伤害险：给生命多一重保护
- 重大疾病保险：为健康筑起堡垒
- 少儿险：给孩子的独特礼物
- 车险：有车一族的必选险种
- 家庭财产保险：财产的另一个保险柜

意外伤害险：给生命多一重保护

问 意外伤害险的主要构成因素有什么?

答 一是意外，二是伤害。

生活中，难免会发生一些意外。虽然总体概率很小，但是一旦降临，对受害者及其家庭成员造成的伤害和影响都是巨大的。意外伤害险则能帮助投保人把意外伤害所造成的损失或影响降到最低。

意外伤害险属于人身保险的范畴，是指当被保险人遭受意外伤害时，保险人给付保险金的保险。从字面上不难理解，构成这一保险产品的主要因素有两个。一是意外，二是伤害。只有当这两个要素同时发生时，保险事故才能成立，两者缺一不可，具体内容见下表。

意外	被保险人遭受的伤害是无法预见、违背主观意愿的
伤害	①外来的致害物直接伤害到被保险人 ②致害物的侵害对象是被保险人的身体 ③存在致害物侵害被保险人身体的客观事实

从实际经验来说，生活中出现意外的情况并不多见，但这并不意味着人们没有必要去购买意外伤害险，它虽然不能避免意外事故的发生，但是可以

帮助投保人把损失降到最低。

在生活中，许多意外伤害险都和我们的生活有着十分紧密的关系。比较常见的类型，有如下四种。

1．意外卡单

意外卡单其实就是一种短期意外险，缴费年限比较短，缴费金额也比较低，同样的，在理赔保障方面与相对传统的意外保单相比也略低一些。

意外卡单的投保方式通常有两种：一种是网络投保，另一种是纸质投保。相对来说，现在各大保险公司更愿意采用网络投保的方式。投保人只需登录保险公司的系统，把保单上的相关信息填写完整并提交，保单就会被激活。

意外卡单需要遵循保险原则，不能重复投保，在出现意外事故时不会因为同时拥有几份保险就能得到更多的理赔金额。

2．团体意外险

团体意外险，是以两个以上的被保险人为承保对象的一个险种。在保险人同意的前提下，承保对象可以是流动变化的。不同的保险公司，缴费的金额会有所不同，但是通常缴费都不高。

通常来说，团体意外险可以分为三大类，分别是团体寿险、团体意外伤害险和团体健康险。无论是哪一种团体险，本质上都具有以下几个共同点，如下表所示。

性质	团体投保
手续	办理流程简单，一张保单可以承保一个团体
优惠	如团购一样可以享受优惠价
体检	通常可以免除

团体意外险对很多企业来说是一种很好的风险控制举措，保险销售员可以把企业主或公司高层作为重点推销对象。

3. 旅游意外险

所谓旅游意外险，指的是如果被保险人在出差或旅游期间遭受人身伤害或者身故，保险人则须对此承担赔偿责任的一种保险。

这个险种的保险产品有很多，最常见的当属交通工具意外险和旅游综合意外险，具体内容见下表。

交通工具意外险	针对航空、火车、轮船等交通工具投保的险种，适合经常出差的人群
旅游综合意外险	针对境内外旅游中出现意外情况的险种，适合长假旅游的休闲人群

4. 附加意外险

简单来说，附加险就是附加在主险之下的保险。它以主险的存在为基础，不能与主险脱离，不可以单独投保，只有主险确定之后才能购买。通常来说，附加险的保费比较低，当主险的效力消失时，附加险也就失去了效力。

附加意外险其实就是主险意外险的附加，它适合于一切附加险的原则。附加意外险的出现，是为意外险增加了另一份保障，当事故发生时，能够减轻受害家庭的负担。

销售精英如是说

保险是一份“心”的事业，只要你有心要做，准客户是无时无处不在的。

——陈明莉

销售案例

赵磊大学毕业不久，在一家家具公司找了份销售的工作。看他每天四处奔波，赵磊的同学便劝他购买一份意外保险。

同学告诉赵磊，他所在的保险公司最近推出了一种意外卡单，一年只需要缴纳100元的保费，就可以获得最高1.6万元的医疗赔付，航空意外赔付最高则可以达到10万元，最重要的是，这张卡单可以保全家。赵磊觉得这个保险挺好，于是听了同学的建议买了一份。

一个月后，赵磊所在的公司组织了一场足球比赛，赵磊在一次拼抢中不慎受伤，最后医药费总共花了8000多元。

赵磊向保险公司申请理赔，保险公司经过审核，扣除了不予理赔的部分医药费之后，给予了赵磊6000多元的赔偿金。

案例分析

对于参加工作不久的赵磊来说，他所购买的这份保险为自己提供了额外的保护，减轻了资金方面的压力。在意外发生时，意外伤害险便会发挥它的作用，变成被保险人的“守护者”。

重大疾病保险：为健康筑起堡垒

问 我国国内常见的重大疾病保险有哪些类型?

答 定期保险、终身保险、比例给付险等。

随着社会的发展和进步，人们的生活水平越来越高，越来越多的人对自己的健康状况加以密切的关注。然而，无论如何关注，身体难免会遭受一些疾病的侵蚀。

提起重大疾病，有些人总是谈“病”色变，因为一旦患上重病，就要支付巨额的医药费，对任何一个家庭来说，这都是巨大的负担。更有甚者，一场重大疾病，会压垮一个家庭。在这种情况下，重大疾病保险不仅可以解决投保者的燃眉之急，还可以为整个家庭分担经济压力。

简单来说，重大疾病保险就是被保险人发生在合同约定范围内的重大疾病后由保险公司给付保险金的保险。保险公司支付的保险金，一部分用来支付医疗费用，另一部分用作被保险人患病后的经济保障。

通常来说，重大疾病保险包含25种重大疾病，具体内容见下表。

重大疾病名称	具体内容
恶性肿瘤	恶性细胞不受控制地进行性增长和扩散，浸润和破坏周围正常组织，可以经血管、淋巴管和体腔扩散转移到身体其他部位的疾病（原位癌等部分早期性的恶性肿瘤不在保障范围内）
急性心肌梗死	因冠状动脉阻塞导致的相应区域供血不足造成部分心肌坏死
脑中风后遗症	因脑血管的突发病变引起脑血管出血、栓塞或梗死，并导致神经系统永久性的功能障碍
重大器官移植术或造血干细胞移植术	①重大器官移植术，指因相应器官功能衰竭，已经实施了肾脏、肝脏、心脏或肺脏的异体移植手术 ②造血干细胞移植术，指因造血功能损害或造血系统恶性肿瘤，已经实施了造血干细胞（包括骨髓造血干细胞、外周血造血干细胞和脐血造血干细胞）的异体移植手术
冠状动脉搭桥术（或称冠状动脉旁路移植术）	指为治疗严重的冠心病，实际实施了开胸进行的冠状动脉血管旁路移植的手术（冠状动脉支架植入术、心导管球囊扩张术、激光射频技术及其他非开胸的介入手术、腔镜手术不在保障范围内）
终末期肾病（或称慢性肾功能衰竭尿毒症期）	双肾功能慢性不可逆性衰竭，达到尿毒症期，经诊断后已经进行了至少90天的规律性透析治疗或实施了肾脏移植手术
多个肢体缺失	因疾病或意外伤害导致两个或两个以上肢体自腕关节或踝关节近端（靠近躯干端）以上完全性断离
急性或亚急性重症肝炎	因肝炎病毒感染引起肝脏组织弥漫性坏死，导致急性肝功能衰竭，且经血清学或病毒学检查证实

续表

良性脑肿瘤	脑的良性肿瘤，已经引起颅内压增高，临床表现为视神经盘水肿、精神症状、癫痫及运动感觉障碍等，并危及生命。须由头颅断层扫描（CT）、核磁共振检查（MRI）或正电子发射断层扫描（PET）等影像学检查证实
慢性肝功能衰竭失代偿期	因慢性肝脏疾病导致肝功能衰竭（因酗酒或滥用药物导致的肝功能衰竭不在保障范围内）
脑炎后遗症或脑膜炎后遗症	因患脑炎或脑膜炎导致的神经系统永久性的功能障碍
深度昏迷	因疾病或意外伤害导致意识丧失，对外界刺激和体内需求均无反应，昏迷程度按照格拉斯哥昏迷分级结果为5分或5分以下，且已经持续使用呼吸机及其他生命维持系统96小时以上（因酗酒或滥用药物导致的深度昏迷不在保障范围内）
双耳失聪	因疾病或意外伤害导致双耳听力永久不可逆性丧失，在500赫兹、1000赫兹和2000赫兹语音频率下，平均听阈大于90分贝，且经纯音听力测试、声导抗检测或听觉诱发电位检测等证实
双目失明	因疾病或意外伤害导致双眼视力永久不可逆性丧失
瘫痪	因疾病或意外伤害导致两肢或两肢以上肢体机能永久完全丧失
心脏瓣膜手术	为治疗心脏瓣膜疾病，实际实施了开胸进行的心脏瓣膜置换或修复的手术
严重阿尔茨海默病	因大脑进行性、不可逆性改变导致智能严重衰退或丧失，临床表现为明显的认知能力障碍、行为异常和社交能力减退，其日常生活必须持续受到他人监护。须由头颅断层扫描（CT）、核磁共振检查（MRI）或正电子发射断层扫描（PET）等影像学检查证实（神经官能症和精神疾病不在保障范围内）

续表

严重脑损伤	因头部遭受机械性外力，引起脑重要部位损伤，导致神经系统永久性的功能障碍。须由头颅断层扫描（CT）、核磁共振检查（MRI）或正电子发射断层扫描（PET）等影像学检查证实
严重帕金森病	一种中枢神经系统的退行性疾病，临床表现为震颤麻痹、共济失调等（继发性帕金森综合征不在保障范围内）
严重Ⅲ度烧伤	烧伤程度为Ⅲ度，且Ⅲ度烧伤的面积达到全身体表面积的20%或20%以上。体表面积根据《中国新九分法》计算
严重原发性肺动脉高压	不明原因的肺动脉压力持续性增高，进行性发展而导致的慢性疾病，已经造成永久不可逆性的体力活动能力受限，达到美国纽约心脏病学会心功能状态分级Ⅳ级，且静息状态下肺动脉平均压超过4千帕（30毫米汞柱）
严重运动神经元病	一组中枢神经系统运动神经元的进行性变性疾病，包括进行性脊肌萎缩症、进行性延髓麻痹症、原发性侧索硬化症、肌萎缩性侧索硬化症
语言能力丧失	因疾病或意外伤害导致完全丧失语言能力，经过积极治疗至少12个月（声带完全切除不受此时间限制），仍无法通过现有医疗手段恢复（精神心理因素所致的语言能力丧失不在保障范围内）
重型再生障碍性贫血	因骨髓造血功能慢性持续性衰竭导致的贫血、中性粒细胞减少及血小板减少
主动脉手术	为治疗主动脉疾病，实际实施了开胸或开腹进行的切除、置换、修补病损主动脉血管的手术（动脉内血管成形术不在保障范围内）

依照中国保险行业协会制定的《重大疾病保险的疾病定义使用规范》中的要求，任何一家保险公司推出的重大疾病保险，都应该包含恶性肿瘤、急性心肌梗死、脑中风后遗症、重大器官移植术或造血干细胞移植术、冠状动脉搭桥术（或称冠状动脉旁路移植术）、终末期肾病（或称慢性肾功能衰竭尿毒症期）六种重大疾病，至于其他种类的重大疾病，保险公司则可以自行选择使用。保险公司也可以根据市场需求，在重大疾病保险产品中添加上述25种常见重大疾病之外的疾病种类，并自行制定相关条例。

在保险实践中，保险公司会对重大疾病进行更加细致的划分，而且不同的保险公司承保的重大疾病也会有所不同。作为一名保险销售员，只有对承保对象有清晰而准确的认识，才能顺利地完成理赔工作。

销售精英如是说

在我多年的推销生涯中，感到赢得客户的芳心是推销的关键所在。

——汤姆·霍普金斯

销售案例

赵先生35岁，是某公司职员，他在2014年为妻子和自己分别购买了一份重大疾病保险，每份保险的保费是每年1000多元，保额是1万元。如果发生非常重大的疾病，保险公司会给付两倍保额的保险金。

2016年，赵先生参加了公司组织的员工体检。经过一系列检查，医院发现赵先生患有“慢性肾功能衰竭”。

得知这一结果后，赵先生便向保险公司报案，并在不久后接受了换肾手术。出院后，赵先生向保险公司申请理赔，保险公司经过审核，按照合同条款给付了相应的保险金。

案例分析

赵先生得知自己患病后，立刻向保险公司报案，并在做完手术后顺利地完成了理赔。可以说，他购买的重大疾病保险为他带来了一定的保障，虽然无法避免疾病侵袭，但是在治病的过程中使他能够保持平和的心态，这对治疗也是有积极的心理影响的。

少儿险：给孩子的独特礼物

问 常见的少儿险有哪些?

答 少儿意外伤害险、少儿健康医疗险和少儿教育险。

每个孩子都是父母的希望，是一个家庭的未来。父母在望子成龙、望女成凤的同时，也会把孩子视作掌上明珠，给予孩子无微不至的关怀。为了让孩子更加健康地成长，或是给孩子一份未来的保障，很多父母会选择为孩子购买少儿险。

少儿险，全称是少儿保险，这是一种专门为少年儿童设计的，用于解决其成长过程中所需要的教育、创业、婚嫁费用，以及应对孩子可能面临的疾病、伤残、死亡等风险的保险产品。通常来说，少儿险可以分为三类，分别是少儿意外伤害险、少儿健康医疗险和少儿教育险。

1. 少儿意外伤害险

这是一种针对日常生活中可能造成孩子一些意外伤害而投保的保险。孩子的好奇心比成年人更大，自我保护意识却薄弱得多，这就造成了孩子遭受意外伤害的可能性更高的情况，所以父母应该做好对孩子意外伤害的保障工作。

2. 少儿健康医疗险

这是一种针对孩子容易出现的几种重大疾病投保的保险。孩子年龄较小，免疫力较弱，所以比成年人更容易感染疾病。一旦孩子不幸患上重大疾病，这种保险可以提供相应的资金，以确保孩子得到及时、有效的治疗。

3. 少儿教育险

这是一种针对孩子未来的教育经费投保的保险。在孩子的教育方面，父母都是不吝投入的，为孩子的教育经费投保，可以为孩子将来上学提供一定的保障。这种保险类似于分红保险，但是对领取年龄有一定的限制。

父母为孩子购买少儿险，不仅能为自己分担一些经济压力，还能给孩子提供一份额外的保障。可以说，少儿险是父母给孩子独特而优质的礼物。在挑选这个礼物的时候，有些要素需要多加关注才行，具体内容见下表。

投保年龄	某些保险产品在孩子出生满28天后就可以购买
保费设定	少儿保险的费用支出应该合理，通常花费家庭年收入的10%~20%为佳
避免重复购买	孩子上学时学校会给孩子上保险，父母给孩子买保险之前应了解孩子已有的保险，避免重复购买
保险期限	通常来说，保险期限至孩子成年即可，孩子成年后会有自己的规划
看懂合同条款	不同的保险公司会有不同的合同条款，在为孩子购买保险时，一定要看懂合同条款，这样才能最大限度地保护孩子的利益
购买豁免附加险	家庭出现变故，难以交纳保费时，可以实现对孩子的继续保障

对于父母来说，孩子是最为宝贵的财富，在给孩子购买保险时，考虑的问题也会更多、更全面。作为保险销售员，做的工作越细致、准确，越能赢得广大父母的认可，订立保险合同的可能性就越大。

推销少儿险时，销售员要更多地从孩子如何受益的角度与客户进行沟通，让客户真真切切地看到保险给孩子及家庭带来的好处，客户才能从心里接受推销，才有可能进行更深入的沟通。

销售精英如是说

放爱心在保险事业里，走出一条宽广的阳光大道。

——柴田和子

销售案例

豆豆1岁的时候，他的妈妈在保险公司为他购买了一份少儿健康医疗保险。

一年后，豆豆有一次突然发起高烧。妈妈急忙把他送到了医院，经医生诊断，豆豆染上了肺炎。待豆豆的体温稳定后，妈妈便打电话给保险公司说明情况。保险公司的工作人员赶到医院，安慰豆豆妈妈的同时，也了解了具体的情况。

豆豆出院后，妈妈到保险公司进行理赔，保险公司经过审核，按照合同规定给付了相应的保险金。

案例分析

年幼的孩子比成年人更容易受到病菌的侵袭，所以更需要多一重保护。豆豆妈妈为豆豆购买的少儿险，在一定程度上减轻了家庭的经济压力，也让豆豆得到了更好的治疗。对于豆豆和他的妈妈来说，这是一举两得的好事。

车险：有车一族的必选险种

问 车险由哪两个部分组成？

答 交强险和商业险。

在很多城市中，汽车已经成为人们生活中的重要组成部分，很多人早就习惯了驾驶私家车出行。从安全及降低损失的角度来说，车险是有车一族必须购买的一种保险。

车险由交强险和商业险两部分组成。交强险是国家强制购买的，实行全国统一的费率，车主可以自由选择保险公司进行购买。商业险是车主自愿购买的，比较常见的有第三者责任险、车损险、盗抢险、玻璃险、划痕险、自燃险等。

第三者责任险	车损险	盗抢险	玻璃险	划痕险	自燃险
被保险人对第三者负损害赔偿责任时，由保险人承担其赔偿责任的保险	在保险责任范围内发生的保险事故造成了车辆本身的损失，由保险人承担相应的经济赔偿	被保险车辆被盗或被抢劫后，公安机关调查两个月都未查明下落的，保险人负责赔偿车辆丢失后受到损失的保险	在使用过程中，被保险车辆的玻璃单独破碎，保险人按照实际损失计算和赔偿的保险	因别人恶意行为造成被保险车辆出现人为的划痕，保险人按照投保人实际损失计算和赔偿的保险	在实际使用中，被保险车辆因自身原因起火燃烧，保险人对该车造成的损失承担赔偿责任并支付必要合理的施救费的保险

在销售实践中不难发现，很多车主对车险的认知并不准确，很多车主以为为自己的爱车上了“全险”，无论爱车发生什么事故，都能让保险公司负责理赔。但是，实际情况并非如此。一是因为每家保险公司对“全险”的定义不尽相同，一些保险并未包含其中；二是因为有些情形并不在保险公司的理赔范围内，所以即便车主购买了保险，保险公司也无须进行赔偿。

比较常见的不在理赔范围内的情形，有以下几种：

（1）被保险车辆在收费停车场或汽车修理厂被盗。

（2）驾驶员超限驾驶汽车造成保险事故。

（3）被盗车辆车内的财物损失不在赔偿范围内。

（4）被保险车辆未进行年检、驾驶员无证驾驶等违法情况下出现的保险事故。

（5）其他一些在责任免除范围内的情形。

对于汽车保险销售员来说，在与投保人签订汽车保险合同之前，一定要详细地介绍合同中所包含的险种，并主动向投保人讲解免责条款等。这样做，一方面可以最大限度地保护投保人的利益，另一方面能够避免日后可能出现的合同纠纷。

在涉及保险赔偿的时候，销售员应该坚持自己的立场，严格按照合同办事，对于不在理赔范围内的情形，要有清晰而准确的认识，以免因自己的失误给公司带来损失。

销售精英如是说

爱是我打开人们心扉的钥匙，使他们不再拒绝我推销的货物。

——乔·吉拉德

销售案例

李女士在购买汽车的时候，为爱车投保了车辆损失险和第三者责任险。在保险期内，她驾车到公司附近的机动车检测场进行年检。

在检测场内，李女士不慎与一辆轿车发生碰撞。于是，她立刻向保险公司报案，并对车辆的损失提出了索赔请求。保险公司的工作人员赶到现场，提出需要对事故是否在责任范围内进行进一步的认定。

经过现场调查后，保险公司的工作人员发现，李女士发生事故时正处于正常驾驶的状态，而非被检测的状态。所以这一事故并不适用于关于“测试”的免责条款，保险公司将会依照合同规定赔偿李女士的相关损失。

案例分析

在汽车保险合同中，有一个免责条款，那就是如果是正在检测的车辆发生了意外事故，那么保险公司是无须承担赔偿责任的。基于此，保险公司的员工到现场进行了调查，这是正常的工作流程，而最后的结果证明，李女士购买车辆损失险是明智之举。

家庭财产保险：财产的另一个保险柜

问 常见的家庭财产保险类型有哪些?

答 普通家庭财产保险、家庭财产两全保险、投资保障型家庭财产保险、个人贷款抵押房屋保险。

家庭财产保险，简称为家财险，是个人和家庭投保的主要险种。凡是存放、坐落在保险单列明的地址，属于被保险人自有的家庭财产，都可以作为保险标的，向保险人投保家庭财产保险。

通过购买家庭财产保险，可以有效规避家庭财产可能面临的风险，能够有效地保障家庭财产的安全。一般来说，家庭财产保险可以分为四类，具体内容见下表：

普通家庭财产保险	面向城乡居民家庭的基本险种，城乡居民存放在固定地址范围内，且处于相对静止状态下的各种财产物资，都可作为承保对象
家庭财产两全保险	同时具有经济补偿和到期还本两种性质的险种，与普通家庭财产保险的不同之处在于，普通家庭财产保险交纳的是保险费，而这种保险交纳的是保险储金

续表

投资保障型家庭财产保险	兼具保障功能和投资功能的险种，投保人交纳的是保险投资金，按照规定必须按份购买
个人贷款抵押房屋保险	承保对象是以房屋做抵押向商业银行申请贷款的被保险人，当抵押房屋因火灾、暴雨、泥石流等原因造成损失时，保险人将为抢救房屋财产支付相应的施救费用

家庭财产保险是保护家庭财产的有效手段，能够地有效预防和降低家庭财产遭受损失的可能性，在订立保险合同时，常见的保险责任有六类，具体内容见下表：

保险责任	火灾、爆炸等
	冰雹、雪灾、洪灾、龙卷风、泥石流等
	空中运行的物体坠落，外界的物体倒塌
	暴风或暴雨使房屋的主要结构（外墙、屋顶、屋架等）倒塌
	存放在房屋里的保险财产，遭受外来的、有明显痕迹的盗窃、抢劫
	保险事故发生后，被保险人为防止或减少保险财产的损失所支付的必要、合理的费用（费用额度最高不能超过保险金额）

出现保险事故后，被保险人或投保人必然会按照保险合同的约定向保险公司申请理赔，在这个过程中，双方当事人不仅要严格按照保险合同履行自己的责任，还要遵循相应的理赔程序，才能尽快地成功理赔。

关于理赔程序，不同的保险公司有不同的要求，但是总体上大同小异，具体内容见下图。

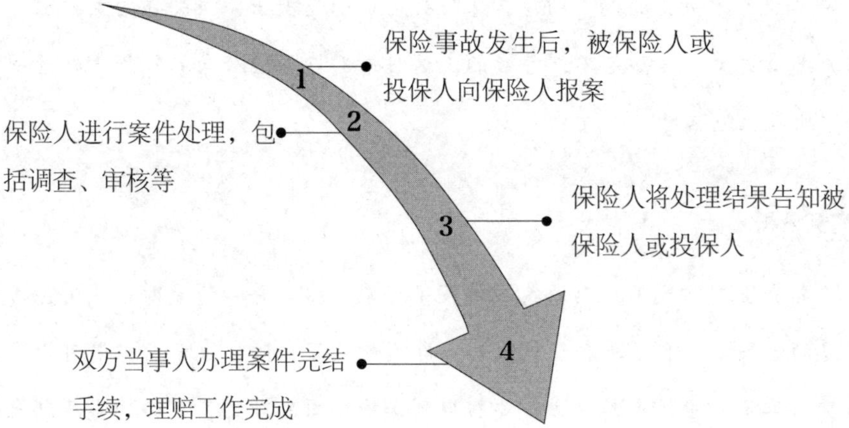

家庭财产保险适用于每一个家庭，是家庭财产的另一个保险柜。一旦财产遭受某些难以预料的损失，家庭财产保险就能为被保险人或投保人解决后顾之忧。

销售精英如是说

感情—理解—感情，这是赢得客户芳心的重要公式。

——柴田和子

销售案例

为了降低财产损失的风险，赵女士在一家保险公司投保了家庭财产险附加盗抢险。

一天早上，赵女士赶着上班，匆忙之中忘了关上窗户。下班回到家后，发现家中被盗，丢失了2000元现金、一条金项链、一部手机及部分高档化妆品和皮包。于是，赵女士立即拨打110报警，之后又给保险公司打电话报案。警方赶到现场，勘查之后发现，赵女士家的门锁完好无损，窃贼是从窗户进入室内实施盗窃的。

参照警方做出的勘查结论，保险公司认为赵女士家里失窃的主要原因是窗户没有关上，是防范不严导致的。这种情况在保险公司的保险责任范围之外，所以拒绝赔付。

案例分析

赵女士因防范不严而给窃贼留下了可乘之机，导致遭受财产损失，所以最终的后果要由自己承担。这说明，即便购买了保险，也不意味着可以高枕无忧，毕竟合同约束着双方。要想得到保险公司的理赔，就必须先尽到自己的义务。

第三章

量身打造，为客户制作契合的保险计划书

- 什么是保险计划书
- 保险计划书的设计步骤
- 保险计划书涵盖的具体内容
- 不同人生阶段，保险需求大不同
- 说明保险计划书的技巧

什么是保险计划书

问 保险计划书的重要性体现在哪些方面?

答 体现在行业竞争和客户需求两个方面。

找到潜在的目标客户后，保险销售员要针对客户设计制作符合客户定位的保险计划书，并按照相应的参考标准，最终完成保险计划书。想要制作一份让客户满意的保险计划书，保险销售员首先必须对保险计划书有一个正确而基本的认识。

那么，究竟什么是保险计划书呢？它的重要性又体现在哪些方面呢？下面，我们一一进行介绍。

1. 保险计划书的含义

所谓保险计划书，就是保险销售员根据客户的个人或家庭状况、年龄、文化水平、财务状况、消费习惯等诸多方面的具体情况，将保险公司的保险产品进行优化组合，以满足客户的独特需求，并可以直观地向客户说明保险保障方案的说明书。简单来说，保险计划书其实就是保险公司为投保人或被保险人设计的保障方案的使用说明书。

2. 保险计划书的重要性

对于保险销售员来说，保险计划书的重要性是不言而喻的。恰当合理的保险计划书是为客户提供保障的有力依据，可以帮助客户以最少的投入获得最大的权益。通常来说，保险计划书的重要性体现在以下两个方面。

（1）行业竞争的需要。

随着保险监管力度的不断加强，保险市场的竞争秩序越来越公正、公平，价格已经不是唯一的竞争筹码。风险管理专业水平和保险服务等非价格竞争手段，正越来越多地影响客户的决策，保险计划书这一综合表现手段为保险销售人员树立专业形象和保险公司的品牌宣传起到了重要作用。

（2）客户决策的需要。

随着民众文化水平、保险意识的不断提升，客户的投保行为也变得越来越规范和理性，保险计划书能够准确、有效地回答客户关于投保的诸多问题，满足了客户理性投保的需要。

随着时代的发展，中国的保险业赢得了越来越好的发展契机。随着保险市场的不断壮大，越来越多的资本涌入保险行业，市场竞争主体逐步得以增加，国内保险公司的经营模式逐渐与国际接轨，与国外的保险公司也有了越来越紧密的联系。

在这种市场氛围中，保险销售员的工作方式也需要进行相应的调整和改变。在销售保险的过程中，保险销售员不仅要为客户谋求最大的权益，还要通过自己去展示公司的专业和实力，为公司品牌的传播多出一份力。

与同行竞争的过程中，单纯比拼价格的竞争模式已经落伍，在服务和形象竞争方面，需要投入更多的时间和精力。保险计划书恰恰能够体现制作者的专业水准，展现公司的独特风貌和形象，它不仅是一种有力的销售武器，还是展示公司综合实力的证据，保险销售员理应对它加以重视。

销售精英如是说

昨晚多几分钟准备，今天少几小时的麻烦。

——原一平

销售案例

韩青在调查了一个潜在客户后，便带着自己制作的保险计划书去和客户会面。

商谈过程中，韩青在征得客户同意后，开始为客户讲解保险计划书："马先生，我觉得这个寿险产品组合可以这样考虑：假如出现了不幸身故的情况，至少可以得到60万元的赔偿金。假如是因意外而不幸身故，还可以得到80万元的意外身故保险补偿，加在一起就是140万元，这样一来，我刚刚担心的问题就能一并解决了。当然，绝大多数情况下，意外情况是不会发生的，保险到期之后，您就可以连本带利地拿回保金。"

客户听完觉得很好，便认可了这份计划书。

案例分析

一份优秀的保险计划书，一定是站在客户的角度上进行设计的。能够让客户得到切实利益，甚至能把利益最大化的计划书，往往能够得到客户的认可。

保险计划书的设计步骤

问 常见的保险产品组合方式有哪些?

答 主附搭配、功能搭配和不同保险期限或交费期限产品的搭配。

一份优秀的保险计划书，既能体现保险销售员的专业水平，又能展现保险公司的优良风貌。通过这种表现手段吸引客户的关注度，乃至于赢得客户认可，激发客户的购买欲望，会对合同的最终签订起到推波助澜的作用。

作为一名保险销售员，应该深刻了解并准确把握保险计划书的设计步骤，只有这样，才能更好地为客户设计出符合其要求的保险计划书。

通常来说，保险计划书的设计需要经过三大步骤，即收集和整理客户的相关资料、分析客户的保险需求及科学组合保险产品。

1. 收集和整理客户的相关资料

在设计保险计划书之前，保险销售员要与客户进行恰当的交流和探讨，在此过程中，可以收集客户的相关资料和信息，包括客户的年龄、身份、收入水平、风险状况等。之后再通过整理，保险销售员便能对客户的整体情况有一个相对清晰的认识。这一步，是进一步分析客户需求的基础，一定要加以重视。

2. 分析客户的保险需求

根据掌握的客户的资料和信息，保险销售员要对客户的保险需求做出合理的评估，针对不同的客户和不同的风险，根据相应的评估结果为每个客户选择合适的保险产品。

3. 科学组合保险产品

分析完客户的保险需求后，保险销售员应该遵循满足客户需求、以最合理成本获得最佳保障、促进销售等原则，为客户提供科学的保险产品组合建议。

通常来说，保险产品有三种组合方式，分别是主附搭配、功能搭配、不同保险期限或交费期限产品的搭配，具体内容见下表。

组合方式	常见类型	备注
主附搭配	主险和附加险之间的组合，如主险+主险、主险+附加险	①主险包括终身险、定期险、年金险等 ②附加险包括意外伤害险、住院津贴等
功能搭配	具有不同功能特性的险种之间的组合，如保障型保险、投资型保险、储蓄返还型保险等险种的组合	
不同保险期限或交费期限产品的搭配	如长期险和短期险的组合	①长期险包括终身寿险、养老险、健康险等 ②短期险包括财产险、意外险、医疗险等

销售精英如是说

你必须把准客户的利益放到第一位，帮助他们发现身上的不平衡之处。

——金克拉

销售案例

一次，孙烈去拜访一位客户。来到客户家门前时，客户李先生正好在院子里收拾东西。

“您好，李先生！我是××保险公司的销售员孙烈，打扰您了！”

“哦，没事。”

“您的这个房子真大啊，装修也很时尚，真是太让人羡慕了。我什么时候才能拥有这样一栋房子啊？不知道您在哪里高就？”

“我在××公司上班。”

“那可是一家大公司啊，难怪您能住这么好的房子。那您平时的福利待遇肯定也很好吧？”

“嗯，福利待遇很全面。”

“真是羡慕您。那公司有没有给您购买商业保险呢？”

“这个倒没有。”

案例分析

设计保险计划书之前，了解客户的信息是一项必须要做的工作。有了客户的资料和信息，才能有针对性地做出计划，更好地满足客户的需求。孙烈在聊天的过程中提出一些关键问题，在不知不觉中就完成了收集信息的工作。

保险计划书涵盖的具体内容

问 保险计划书主要涵盖哪些方面的内容?

答 封面设计、需求分析、设计思路、保险权益等。

制作保险计划书是一项复杂而严谨的工作，保险销售员只有在了解客户的基础上，才能做出有针对性的保险计划。一份优秀的保险计划书，不但能满足客户的需求，让客户得到满意的服务，还能展示公司的形象，起到推广的作用。

一般来说，保险计划书要涵盖八个方面的内容，具体内容见下表。

封面设计	主要包括计划书的名称、客户姓名、计划书的设计人等
公司简介	主要包括保险公司的历史、现状、发展规划等
需求分析	对客户的需求进行分析，以挖掘客户需求，帮助客户更好地进行保险规划
设计思路	介绍设计思路，使客户明白这份计划是为他量身定做的，让客户在体验被重视感的同时，产生对保险销售员的信任
综合特点	主要介绍计划书的优点、特色、保障利益等综合特点

续表

保险权益	主要介绍保险金额、保险费用、保险期限、保险权利、保险利益等与保险权益相关的内容，帮助客户明白这份计划能够给他带来怎样的好处
辅助资料	有助于说明计划书的资料、宣传彩页等其他相关资料
结束语	可以加上一些祝福的语句，体现对客户的关心或祝福

保险计划书是保险销售员了解客户需求、推介公司产品的重要展示途径，是让客户看到销售员专业性的重要手段。熟练了解和掌握保险计划书所涵盖的内容，是保险销售员的基本功。

保险计划书所涉及的八项主要内容，每项都有其特有的作用。在设计计划书时，不能进行选择性的描述，而应全面、细致地介绍每项内容，只有这样，才能让客户对保险计划产生全面的认知，由此理解销售员的良苦用心，进而产生购买保险的欲望。

销售精英如是说

永远不要把产品的缺陷当作秘密。

——汤姆·霍普金斯

销售案例

孙莉与一位潜在客户约好会面。通过前期的了解，孙莉知道这位潜在客户非常疼爱自己的孩子，因此，她为客户的孩子设计了一份保险计划书。

“您一定很疼爱您的孩子，对吗？”孙莉问道。

“是的。”

“既然您如此疼爱孩子，有没有为孩子的前程做好规划呢？”

“这倒没有。”

“按照您的想法，如果为孩子的前程做好规划，您一个月能拨出多少预算？400元可以吗？”

“400元倒是不多。”

“如果您一个月能拨出400元，我就可以为您设计一个5万元的子女教育基金，您觉得怎么样？”

“听着还不错。”

“太好了，我这里恰好有一份针对子女教育的计划书，您现在有空吗？我们可以一起研究一下。”

案例分析

为客户设计保险计划书时，最重要的是要抓住客户最迫切的需求和最关注的点。孙莉发现潜在客户十分疼爱自己的孩子，于是便把子女教育视作突破口，这无疑会引起客户的关注，为保单的达成奠定良好的基础。

不同人生阶段，保险需求大不同

问 单身期的投保人对哪些保险有较高的需求?

答 定期人寿保险和附加意外伤害险。

人的一生中，会经历各种不同的阶段。在不同的阶段，人们会有不同的生活方式、目标追求等。对于保险的需求，自然也会随着人生阶段的变化而发生相应的改变。只有根据客户所处的人生阶段，有针对性地做出保险计划书，才有可能最大限度地满足客户的需求，赢得客户的认可。

针对投保活动而言，一般可以分为单身期、新婚期、家庭成长期、家庭成熟期、退休期等五个主要的人生阶段。

1. 单身期

投保人年纪尚轻，身体状况良好，各项指标正常，经济压力不大，对定期人寿保险和附加意外伤害险的需求相对较大。

2. 新婚期

投保人年纪不大，身体状况良好，经济压力有所增加，往往对保障家庭财产有所需求，所以对保险理财类产品会加以更多关注。而且，收入越高的家庭成员，应该受到越多的保障，因为收入越高，越是家庭支柱，发生意外时家庭遭受的经济损失就会越大。

3. 家庭成长期

投保人逐渐步入中年，身体各方面机能都有所下降，经济条件比较稳定，对养老、健康、重大疾病等方面的保险产品会有比较浓厚的兴趣。

4. 家庭成熟期

投保人在工作能力、经济状况等方面都达到了比较高的水平，其子女也已经实现独立，对于安全稳健的养老型保险产品会有较多的需求。

5. 退休期

投保人从工作岗位上退下来，健康状况已经大不如前，家庭收入有所减少，虽然整体开支不多，但是医疗费用可能会有较大的增幅。为了提高晚年的生活质量，分红型的保险产品、健康医疗保险及意外伤害保险会成为投保的首选。

在挖掘客户需求的过程中，了解客户所处的人生阶段是一项十分重要且必需的工作。在不同的人生阶段，投保人会有不同的特点和诉求。通过与客户进行沟通，保险销售员应当掌握客户的家庭成员情况、收入水平、身体基本状况等。对客户的相关情况了解得越详细，越能有针对性地制作出一份让客户满意的保险计划书。

销售精英如是说

如果你行事正确，提供真正的价值，有六成的客户会欣然增加交易量。

——杰·亚伯拉罕

销售案例

有一次，柴田和子去拜访一位中年客户。在她讲明来意后，客户当即表示拒绝。

柴田和子没有放弃希望，她对那位客户说："您现在确实很健康，但是30年之后呢？您还敢保证如此健康吗？或者说，万一您在某一天出了什么意外，您的妻子和孩子又能指望谁呢？您应该这样想，现在您给自己买保险，其实就是给您的妻子和孩子的未来买保险。万一您真的出了什么意外，还有保险做保障呢，您的妻子和孩子靠着保险金一样能生活得很好。如果您不买保险，一旦您出了意外，您的妻子和孩子就会失去依靠，他们的生活将会陷入困境。从这个角度来说，您买保险其实就是爱您的妻子和孩子的一种方式。"

听了柴田和子的话，客户陷入了沉思。思考良久之后，他还是购买了保险。

案例分析

在不同的人生阶段，人们所要承担的责任是不一样的。柴田和子并没有直接介绍保险产品的特点、优势等，而是向客户说明了他应该肩负的责任，虽然话语有些直接和尖锐，但是话糙理不糙，客户最终被说服。

说明保险计划书的技巧

问 保险计划书的专业性和生活化是相互矛盾的吗?

答 专业性强调权威性，生活化强调便于理解，两者并不矛盾。

通常来说，保险销售员设计的保险计划书内容十分详尽，表述言简意赅，能够清晰地展现保险计划给客户带来的好处。

但是，如果让客户自己去看，一些觉得枯燥的客户就很难认真去看，即便看了也是一知半解，难以产生投保的欲望。如果保险销售员能进行适当的讲解说明，帮助客户更好地理解计划书的内容，客户接受的程度就会更高，订立保险合同的可能性就会更大。

在说明保险合同时，保险销售员往往需要掌握一定的技巧。

1. 做好准备工作

向客户讲解保险计划书之前，一定要将与其有关的资料、工具等全部准备好。如果需要什么再从包里拿什么，无疑会影响交谈的进程，还会扰乱保险销售员的信心和讲话节奏。

2. 主次分明

一份保险计划书会涉及很多方面的内容，保险销售员在讲解时要做到主次分明，重要内容进行详细说明，次要内容进行简单说明。

3. 数字灵动化

保险计划书中会涉及很多数字，包括保险金额、保险费用、保险期限等，简单地罗列这些数字，难免会让客户觉得枯燥无味，如果能把这些数字融入真实发生的案例中，就能使数字灵动起来，给客户带来画面感。

4. 表述生活化

对于客户来说，很多专业性的内容往往很难在短时间内消化和理解，这就要求保险销售员使用通俗易懂的语言来进行讲解，生活化、口语化的语言，往往更容易被客户理解和接受。

5. 业务熟练化

保险销售员应该对保险条款、服务流程等与保险相关的情况非常了解，这样才能向客户展现自己专业的一面，由此增加自己的权威性和说服力，让客户放心地购买保险。

6. 避免忌讳用语

中国人一向对不吉利的词语比较忌讳，诸如“伤残”“死亡”等词语，能够避免的一定要尽量避免，实在难以避免的，也要想方设法换种方式进行表述。

7. 微笑面对客户

微笑面对客户，会让客户的情绪受到感染，有助于创造轻松愉快的氛围，一旦拉近了心理距离，沟通就会变得简单起来。

8. 保持耐心

保险关系到客户的切身利益，所以在决定购买之前，他们一定会有很多的疑问。无论客户提出什么样的问题，保险销售员都应该耐心解答，只有让客户得到满意的解答，才能让他们心甘情愿地购买保险。

9. 确保客户完全理解保险计划

在说明保险计划的过程中，保险销售员可以时常询问客户对保险计划的理解程度。如果客户有不理解的地方，就要重新讲解，直到客户完全理解为止，这样可以有效地减少之后工作中的分歧和误解。

销售精英如是说

制定目标很有效。它增加了你的动力，迫使你选择优先重点并对自己负责。

——克莱门特·斯通

销售案例

作为新加坡的保险销售冠军，陈明莉有很多忠诚的客户。

有一次，一位老先生把自己的儿子介绍给陈明莉，让陈明莉给他的儿子设计一份保险计划书。

陈明莉根据老先生儿子的情况以及老先生的建议，为他规划了一份100万新加坡元的储蓄保单，每年的保费大约是7.5万新加坡元。

看到这份保险计划书时，老先生的儿子有些诧异："这是什么保单啊？怎么这么贵？"

陈明莉笑容满面地回应道："您的身价这么高，如果保费规划少了，与您的身份不符；另外，您开的都是最好的车，所以保险也该买最好的……而这份保单，是我们公司最好的保单……"

案例分析

通常而言，客户对保险销售员设计的保险计划书都会有所不满，因为每个客户都有自己的保险需求需要得到满足。通过说明保险计划书的设计思路，可以让客户更好地认识保险计划书，对合同的达成有一定的促进作用。

第四章

签订保险合同，有些事情必须得知道

- ↘ 认识保险合同
- ↘ 保险合同的构成要素
- ↘ 保险合同的签订过程
- ↘ 保险合同的变更、中止和终止
- ↘ 保险合同的解释与争议处理

认识保险合同

问 什么是保险合同?

答 保险合同是投保人与保险人约定保险权利义务关系的协议。

《中华人民共和国保险法》第十条对保险合同有明确的定义："保险合同是投保人与保险人约定保险权利义务关系的协议。投保人是指与保险人订立保险合同，并按照合同约定负有支付保险费义务的人。保险人是指与投保人订立保险合同，并按照合同约定承担赔偿或者给付保险金责任的保险公司。"

可见，保险合同是维护合同双方当事人权利，保障保险活动依法和正常进行的必要条件。保险合同所涉及的每个人的权利、义务、利益等，都要通过合同进行约束和体现。

保险合同是合同的一种表现形式，但是与常见的商业合同相比，它又具有与众不同的特征，主要有以下几点。

1. 有偿合同

有偿合同是指为了享有一定的权利就必须偿付一定对价的合同。

在保险合同中，其有偿性主要体现在：投保人要想获得保险的风险保障，就必须支付相应的保险费；保险人要想收取投保人的保险费，就必须承担相应的保险保障责任。

2. 双务合同

双务合同是指合同双方当事人相互享有权利、承担义务的合同。

在保险合同中，投保人要想获得保险人对其保险标的给予保障的权利，就必须承担支付保险费的义务；保险人要想得到收取保险费的权利，就必须承担起保险事故发生时的赔付义务。只不过，保险合同的双务性与一般的双务合同有点差别——只有在双方当事人约定的事故发生时，保险人才需要履行自己的赔付义务。也就是说，保险合同是一种附有条件的双务合同。

3. 射幸合同

射幸合同是指合同的效果在订立合同时无法确定的合同。合同当事人中的一方不一定要履行义务，而只有当合同中约定的条件具备或合同约定的事件发生时才需要履行。

在保险合同中，投保人根据保险合同支付保险费的义务是确定的，而保险人只需要在保险事故发生时才需要履行赔偿或给付义务。也就是说，保险人是否需要履行义务，这一点在订立合同时并不确定，履行与否取决于保险事故是否会发生。

4. 附和合同

附和合同是指合同条款并非由双方当事人共同协商拟订，而是由一方当事人事先拟好，另一方当事人只是做出是否同意的意思表示的一种合同。

在保险合同中，保险合同的基本条款由保险人事先拟订并需要经监管部门审批；投保人通常对保险知识并不了解，也不熟悉保险业务，所以很难对保险条款提出异议。

从中不难看出，保险合同不仅具有一般合同的特征和属性，还具有独特的性质和要求。只有在充分了解其固有属性和独特性质的前提下，才能更加准确而充分地认识保险合同，才能更好地为客户提供服务，做好保险销售工作。

在保险活动中，无论是保险公司还是投保人，无论是被保险人还是受益人，都应当对保险合同进行充分而细致的了解，只有这样，才能在关键时刻主张自己的权利，保护自己的利益。

销售精英如是说

记住，你们双方都站在同一个球队里，生意成交了，买卖双方都是赢家。

——乔·吉拉德

销售案例

张南在驾车去外地出差时发生撞车事故。后经当地交警部门认定，张南应当承担30%的车损责任。为此，张南支付了6000元。

由于工作缠身，加上修车耽误了一天时间，张南直到第三天回到家时才打电话给保险公司报案。可是，保险公司以保险合同中存在“被保险人应当在保险事故发生的48小时内通知保险公司，否则保险公司有权拒绝赔偿”这一条款为由，拒绝履行赔偿责任。张南并不认可保险公司的解释，于是将保险公司诉至法庭，要求赔偿。

《中华人民共和国保险法》第二十一条规定：“投保人、被保险人或者受益人知道保险事故发生后，应当及时通知保险人。”然而，对于何为“及时”，法律并没有明确规定。而且，即便张南没有及时通知，也不能成为保险公司拒赔的理由。据此，法院判定张南胜诉，责令保险公司按照合同赔付张南的损失。

案例分析

很多保险公司在拒赔时惯于使用“未能在合同规定时间内及时报案”这一说辞，但是从法律的角度来说，这一理由并不成立，保险公司不该以此作为拒赔的借口。当然，一旦发生事故，投保人最好还是在第一时间报案，以免引起不必要的纠纷。

保险合同的构成要素

问 保险合同的主体有哪些?

答 当事人、关系人、辅助人等。

根据不同的分类标准，保险合同可以分为不同的类型。从保险性质上界定，可以分为商业保险合同、社会保险合同和政策保险合同等；从保险标的上界定，可以分为财产保险合同、人身保险合同等。我们常见的汽车保险合同、疾病保险合同等，都可以相应地归入不同的分类。

通常来说，不同类型的合同在产生效力的条件及理赔的时间、范围、程度等方面也会有所不同，但是从宏观的角度来说，保险合同要想成立，至少要包括以下三个共同的构成要素。

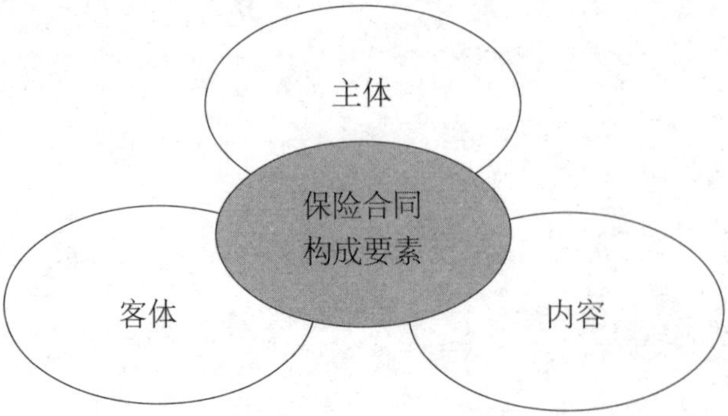

1. 保险合同的主体

一般来说，保险合同的主体可以分为三类，分别是当事人、关系人及辅助人，如下表所示。

保险合同当事人	分为保险人和投保人两类
保险合同关系人	包括被保险人和受益人
保险合同辅助人	保险合同当事人和关系人之外的、与保险合同相关的人，包括保险代理人、保险经纪人、保险公证人等

2. 保险合同的客体

在一般合同中，客体被称作标的，也就是物、行为、智力成果等。而在保险合同中，客体并不是保险标的本身，而是投保人对保险标的具有的法律上承认的利益，即保险利益。也就是说，虽然保险合同也隶属民事法律关系范畴，但是它的客体具有一定的特殊性。

《中华人民共和国保险法》第十二条规定："人身保险的投保人在保险合同订立时，对被保险人应当具有保险利益。财产保险的被保险人在保险事故发生时，对保险标的应当具有保险利益。人身保险是以人的寿命和身体为保险标的的保险。财产保险是以财产及其有关利益为保险标的的保险。"

从中不难看出，保险合同的客体是保险利益，它是保险合同成立的必备要素之一，而保险标的则是保险利益的载体，两者相辅相成，缺少任何一个，保险合同都无法成立。

3. 保险合同的内容

保险合同的内容，通常指保险合同当事人的权利和义务。保险合同中的条款，一般是保险人事先拟好的，其中包括法定条款和约定条款两种类型。法定条款就是法律规定必须具备的条款，而约定条款则是保险合同当事人自行协商确定的条款。

根据《中华人民共和国保险法》第十八条的相关规定，必须具备的条款有以下10项：

（1）保险人的名称和住所。

（2）投保人、被保险人的姓名或者名称、住所，以及人身保险的受益人的姓名或者名称、住所。

（3）保险标的。

（4）保险责任和责任免除。

（5）保险期间和保险责任开始时间。

（6）保险金额。

（7）保险费以及支付办法。

（8）保险金赔偿或者给付办法。

（9）违约责任和争议处理。

（10）订立合同的年、月、日。

一般来说，保险人有责任向投保人解释合同中重要条款的内容和成立条件。这样做，不仅能使双方的信息量趋于对等，还能减少之后可能出现的理赔纠纷。

在所有的保险合同中，主要的构成要素无外乎上述几种，没有它们，保险合同就无法成立。抓住这些基础要素，从最根本的部分做起，才能更好地认识和解释保险合同。

销售精英如是说

销售是从关心人开始的，你只有关心客户，才能让客户对你产生亲近感。

——柴田和子

销售案例

新加坡保险销售冠军陈明莉是一个非常有心的人，往往能在关键时刻说出一些深入客户内心的话。

一天，陈明莉去拜访一位客户。当客户问她喝什么的时候，她的回答是“白开水”。

客户有些不解，问她：“为什么不喝饮料，而要喝白开水？”

“我每天要拜访那么多客户，要是每次都喝饮料，迟早会得糖尿病的。”陈明莉笑着说。

“是啊！这些病真是让人头疼。”客户深有同感地说。

这时候，陈明莉就抓住机会，边说“所以，我们公司的重病保单很畅销”，边顺手将重病理赔的数据放到客户面前。客户意识到健康的重要性，便同意购买一份保险。

案例分析

一份保险合同的促成，需要保险销售员付出更多的努力。如果销售员能在恰当的时机说出一些触动客户的话，那么客户很可能就会同意签单。陈明莉让客户意识到健康是非常重要的，这也是客户购买保险的基础所在。

保险合同的签订过程

问 保险合同订立的原则是什么？

答 订立保险合同，应当协商一致，遵循公平原则确定各方的权利和义务。

《中华人民共和国保险法》第十一条规定："订立保险合同，应当协商一致，遵循公平原则确定各方的权利和义务。除法律、行政法规规定必须保险的外，保险合同自愿订立。"

可见，保险合同的签订是建立在保险人和投保人平等自愿的基础之上的，需要经过双方协商一致才能实现。从法律的角度来说，签订保险合同是一种法律行为。一旦双方同意相关条款，最终落笔签字，就必须承担相应的法律责任。

从合同的签订过程来说，保险合同的成立需要经过几个重要阶段，在具体的保险实践中，一般可以分为以下四个步骤。

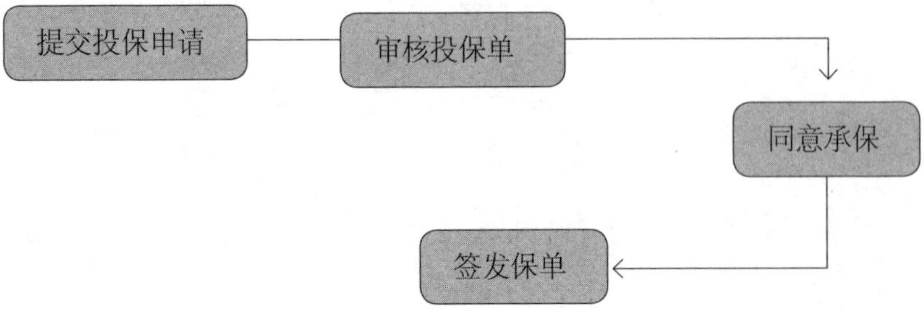

1. 提交投保申请

与签订一般合同一样，签订保险合同也要经历两个重要程序——要约和承诺。

要约	又称为订约提议，是订立合同的一方当事人向另一方当事人提出的以订立合同为目的的建议和要求
承诺	又称为接受提议，是指受约人在收到要约后，对要约的全部内容表示同意并做出愿意订立合同的意思表示

发出要约的人称为要约人，接受要约的人称为受约人，受约人也可以提出新的要约。承诺要约的人可以称为承诺人，被承诺要约的人可以称为被承诺人。

在保险合同中，通常将投保人提交填写好的投保单视作要约，也就是说，投保人为要约人，保险人为受约人。投保人提交投保申请，是保险合同订立的第一步。

2. 审核投保单

保险人收到投保人提交的投保单之后，需要进行一系列的审核工作，以控制承保风险，避免遭受不应有的损失。

审核投保单是保险人必做的工作之一，审核的内容见下表：

投保人的资格	审核投保人是否具有民事权利能力、民事行为能力及对标的物是否具有可保利益
保险标的	①对照保单等资料或是亲自到现场核查保险标的的实际情况 ②保险标的往往需要多元化，通过审核的手段来分散风险
保险费率	保险人根据需要承担的风险制定不同的费率等级，通过审核的手段来确定如何恰当而合理地收取保险费

3. 同意承保

保险核保人按照规定的业务范围和承保权限进行审核之后，如果认为投保申请符合公司的相关核保政策，便会做出同意承保的决定。这个过程就是承诺，到此时保险合同即可宣告成立。

但是，不能认为承诺人一定就是保险人，就像前面所说的那样，要约承诺可能是一个反复变化的过程，在某些时候，投保人也会变成承诺人。

4. 签发保单

《中华人民共和国保险法》第十三条规定："投保人提出保险要求，经保险人同意承保，保险合同成立。保险人应当及时向投保人签发保险单或其他保险凭证。保险单或其他保险凭证应当载明当事人双方约定的合同内容。当事人也可以约定采用其他书面形式载明合同内容。依法成立的保险合同，自成立时生效。投保人和保险人可以对合同的效力约定附条件或者附期限。"

在保险活动中，保险人的承诺通常以按照法律规定向投保人签发保险单、保险凭证或暂保单的方式来体现，当然，也可以是保险人直接在投保人递交的投保单上签章表示同意。

保险合同的签订过程是复杂而缜密的，为了最大限度地减少后期可能出现的合同纠纷，在签订合同的过程中一定要考虑周全，以谨慎的态度去面对每一份可能达成的保险合同。

销售精英如是说

如果你想尽快拿到订单，就必须给客户一个他应该立即购买你产品的理由。

——汤姆·霍普金斯

销售案例

罗伯特·舒克是美国著名的推销员，创办了美国管理人员保险公司。在他进入保险行业的第一年，他和父亲的公司所使用的推销方法还十分原始。一个保险销售员按照公司推销手册上的方法向20位潜在客户推销保险，结果没有一个人愿意投保。销售员非常生气，坚持认为公司的推销方法行不通。罗伯特的父亲不认同销售员的说法，于是和销售员打赌。

赌约到期的那一天，答案最终揭晓，罗伯特的父亲共拿到16份客户申请表。在大家的惊叹声中，罗伯特的父亲讲述了自己能够推销成功的原因，他不过是在给客户解释保险条约之前，总会说一句“请您仔细听，我下面要说的都是全新的条款”或“请您仔细听，下面的内容对您很重要”而已。

案例分析

罗伯特的父亲并没有使用什么特殊的招数，只是在讲解保险条款之前，多说了一些关心的话，用强调的语气使客户相信，他所介绍的保险条款确实与众不同。当客户能够认真倾听的时候，便能发现保险确实对自己有益，从而愿意购买。

保险合同的变更、中止和终止

问 保险合同的变更可能出现在哪些方面？

答 合同主体的变更、合同客体的变更及合同内容的变更。

保险合同能够最终签订，并不意味着就能按照合同约定顺利执行。因为在执行合同的过程中，难免会遇到各种各样的变故，一旦合同的构成要素出现变化，那么合同也会随之出现一些意外的情况。

在保险实践中，可能出现的意外情况有三种。

1. 保险合同的变更

《中华人民共和国保险法》第二十条规定："投保人和保险人可以协商变更合同内容。变更保险合同的，应当由保险人在保险单或者其他保险凭证上批注或者附贴批单，或者由投保人和保险人订立变更的书面协议。"

常见的保险合同的变更内容见下表。

保险人的变更	保险公司因破产、解散、合并等原因发生变更，这种情况在实践中并不多见
投保人的变更	本质上是合同或保险单的转让，须征得保险人的同意，变更才能有效
被保险人的变更	①在人身保险合同中，不存在被保险人变更的情况 ②在财产保险合同中，这一变更意味着投保人发生了变化
受益人的变更	①被保险人或者投保人可以变更受益人并书面通知保险人 ②投保人变更受益人时须征得被保险人的同意 ③保险人收到变更受益人的书面通知后，应当在保险单或者其他保险凭证上批注或者附贴批单
内容的变更	①在人身保险合同中，一般表现为被保险人的职业、保险金额发生变化等 ②在财产保险合同中，以主体不变为前提，内容的变更表现在保险标的种类的变化、数量的增减、保险期限的调整等方面 ③保险合同的任何一方当事人都有变更合同内容的权利，但是要想完成变更首先要征得对方的同意

保险合同的任何一个变更，都将涉及和影响双方当事人的权利和义务，所以必须在征得对方同意的前提下才能完成，这不仅是对对方的尊重，更是契约精神的体现。

2. 保险合同的中止

所谓保险合同的中止，指的是保险合同生效后，由于某种原因导致保险合同的效力处于暂时停止的状态。也就是说，保险合同暂时失效。在保险合同中止期间，如果保险标的发生了保险事故，保险人无须承担保险责任和支付保险金。

通常来说，保险合同的中止主要表现在以下两个方面。

人身保险合同	在分期付款的长期人身保险合同中，除合同另有约定的，投保人没有在合同约定期限内支付保险费的，保险合同效力中止
财产保险合同	被保险人因过失或故意行为而使保险标的的危险增加的，保险人有权请求被保险人更正其行为，在被保险人更正其行为之前的这段时间里，保险合同效力中止

保险合同中止，只是一个暂停的过程，一旦情况能够满足保险合同的要求，合同效力即可恢复。如果在一定期限内仍然无法履行相关责任，保险合同就将面临终止的结局。

3. 保险合同的终止

所谓保险合同的终止，指的是保险合同生效后，由于法定或约定的事由发生，使得合同确定的当事人之间的权利、义务关系不复存在，法律效力完全消失的事实。通常来说，合同终止的原因可以归纳为五点，具体内容见下表。

合同期满	合同期届满时，保险人的保险责任也自然终止，这是保险合同最普通、最基本、最常见的终止原因
合同解除	①法定解除：指法律规定的原因出现时，保险合同的当事人一方依法行使解除权，解除已经生效的保险合同关系 ②约定解除：又称协议解除，指保险合同的当事人可以约定解除合同的条件，一旦约定的条件出现，一方或双方就有权解除合同

续表

违约失效	①人身保险合同中，如果投保人不能在规定期限内交纳保费，保险合同会中止，一旦超出宽限期仍未交纳，保险合同就因投保人违约失效而终止 ②财产保险合同中，如果投保人不能如期交纳保费，保险合同就会因投保人违约失效而终止
合同履行	保险事故发生后，保险人完成全部保险金额的赔偿或给付义务之后，保险责任就告终止，保险合同也同时终止
被保险人死亡或保险标的灭失	①人身保险合同中，如果被保险人并非因保险人责任范围内的原因而死亡，保险合同将自行终止 ②财产保险合同中，如果保险标的并非因保险人责任范围内的原因而全部灭失，即投保人丧失了保险利益，保险合同将自行终止

保险合同的履行是一个可长可短的过程，在这个过程中，时常会出现一些变化和突发状况。作为保险销售员，应该了解各种可能出现的情况，并针对不同的情况做出相应的预案和准备工作。唯有如此，才能恰当地处理保险合同的变更、中止和终止等各种情况。

销售精英如是说

只有当你清楚地摆出产品的益处时，潜在客户才会掏出钱来。

——金克拉

销售案例

乔·坎多尔弗曾经卖给一位将为人父的19岁年轻人一份保险，虽然保费不高，但坎多尔弗却没有轻视。

在年轻人因做生意而搬到别处时，坎多尔弗依然和他保持着密切的联系。

对于这种情况，坎多尔弗的说法是："我有义务为他们服务一辈子，即便他们暂时不需要从我这里购买保险，我也依然把他们当作自己一生的客户。"

很多年之后，这个年轻人继承了岳父的事业。他向坎多尔弗购买了一份高额的人寿保险，每年的保费高达16.8万美元。

案例分析

对于保险销售员来说，每个人都是潜在的客户，而已经成为客户的人，更需要好好地维护。坎多尔弗并没有按照保费的高低来衡量客户的价值，这让他最终享受到了巨大的红利。

保险合同的解释与争议处理

问 保险合同的解释原则有哪些?

答 文义解释原则、意图解释原则、有利于非起草人原则等。

每份保险合同中，都会包含一些投保人并不十分了解的条款。尽管保险合同的语言已经尽量简明精确，保险销售员也已经把合同中的一些条款详细讲解给投保人听，但是在实践活动中，依然不可避免地会出现一些歧义和争议。

当出现这些情况时，保险行业会有常规的解释原则和处理方式。

1. 保险合同的解释原则

所谓合同解释，指的是当对合同条款的意思产生歧义时，法院或仲裁机构按照一定的方法和规则对其做出的确定性判断。通常来说，保险合同的解释应该遵守以下原则：

文义解释原则	按照保险合同条款的文字表述的本意进行解释，这是最基本的原则。当某些内容产生争议时，联系合同上下文进行文义解释，能够有效地解决争议
意图解释原则	以订立保险合同时的真实意图来解释合同，只适用于文义不清、用词混乱和含糊的情况，这种解释方式可能存在一定的主观性和片面性

续表

有利于非起草人原则	保险合同一般由保险人起草，而投保人只能相对被动地接受或不接受合同条款，所以在解释合同条款时，应该有利于起草人，以示公平

2. 保险合同争议的处理方式

在履行合同的过程中，合同的双方当事人常常会因理赔、追偿及交费等问题产生一些争议。根据《中华人民共和国合同法》的相关规定，对保险业务中发生的争议，可以采取以下四种方式来处理。

和解	争议发生之后，双方当事人在平等、互利谅解的基础上进行协商，互相做出一定程度的让步，最终达成共识，形成协议，以保证合同继续履行下去
调解	在第三人主持下，双方当事人根据自愿、合法的原则，在明辨是非、分清责任的基础上，互谅互让，达成协议，以保证合同继续履行下去
仲裁	双方当事人在争议发生之前或之后达成某种协议，自愿将争议交给仲裁机构做出裁决，双方都有执行仲裁裁决的义务
司法诉讼	合同当事人的任何一方按照法律诉讼程序向法院对另一方当事人提出权益主张，并要求法院予以裁判和保护，这种诉讼属于民事诉讼范畴

当合同双方当事人对合同产生歧义和不同的理解时，对相同合同条款进行合理、有效的解释及积极、正确地处理争议，才能促使双方更好地履行合同。

对于保险销售员来说，不仅要做好订立合同的准备工作，还要努力做好合同订立之后的条款解释及争议处理工作。要做到既了解合同本身，又了解影响合同履行的相关因素。只有这样，才能为投保人、被保险人及受益人等提供最好的服务。

销售精英如是说

如果我们的服务让客户满意了，客户也会为我们服务的。

——弗兰克·贝特格

销售案例

李某是李村卫生室的一名医生，曾在保险公司购买了一份意外伤害保险，保险期限为一年，保险金额为5万元。

购买保险之后的第三个月，李某在为一名患者看病时试尝了一味中药。没想到，服药不久，李某便感觉身体不适，随后出现神志不清、呕吐、呼吸困难等症状。李某的家人立即将他送往县医院抢救，最终还是抢救无效死亡。医院经过诊断认为，李某死于中药中毒。

李某的家人要求保险公司按照保单支付赔偿金，保险公司却认为李某试尝有毒中药是自伤或自杀行为，保险公司不应赔偿。李某家人便将保险公司告上了法庭。

法院经调查审理认定，李某在为患者看病时试尝中药属于正常工作范畴，中药的毒性过大，超出了李某的预见范围，死亡这一结果应属意外的、突发的伤害，而非李某故意自伤或自杀导致，所以保险公司应当履行支付赔偿金的义务。

案例分析

作为一名医生，李某对中药的毒性有一定的认知，但是无法准确判断所试尝中药的具体毒性，所以他的死亡属于违背本意的意外伤害，保险公司应该按照合同支付赔偿金。

新手
实践篇

第五章

客户需求不明？做好探访“广撒网”

- 放下恐惧，拿起电话开始邀约客户
- 说些好听的话，让客户从心底产生好感
- 初次见面就给客户留下深刻的印象
- 从客户的话中听出销售突破点
- 挖掘客户需求，精准定位做销售

放下恐惧，拿起电话开始邀约客户

问 如何摆脱打电话时的恐惧心理?

答 找到产生恐惧的根源，对症下药克服恐惧。

情景再现

保险销售员：您好，李先生！我是××保险公司的业务员，上个月给您打过电话，向您介绍了我们公司新推出的一项保险业务……

客户：哦，是你啊，我都把这事给忘了。

保险销售员：啊，忘了？这个——哦——那——不然——

客户：行了，先这样吧，我还有事要忙！先挂了！

保险销售员：……

对于一个初涉保险销售行业的新人来说，由于经验不足，难免会在电话约访中出现手足无措的情况。比如，不知道应该怎样和客户展开话题，被客户的问题难住导致卡壳，被客户拒绝不知如何应对，等等。

类似的情况多次出现，就会给保险销售新人带来一定的心理压力。以至于每次拿起电话，就会产生恐惧心理。

电话销售的恐惧心理是所有保险销售新人都会遇到的问题。新人不知所措、不知所云的表现会让客户感觉不安，自然难以投出信任票。想在保险销售行业有所建树，所有人都要坚决果敢地战胜这种恐惧，这是走向工作岗位必修的一堂课。

在保险销售行业，几乎每个保险销售员都曾或多或少地被恐惧情绪影响。通常而言，保险销售新人的恐惧主要表现在以下几个方面，如图所示：

A 害怕被客户无情的拒绝

B 担心无法回答客户提出的问题

C 唯恐出现冷场等尴尬情况

D 害怕在客户面前丢面子

之所以出现这样的恐惧，主要是因为保险销售新人的销售经验不足、知识储备不够。“无知是恐惧的来源”便是这样的道理。所以说，要想克服恐惧心理，最有效、最直接的办法就是不断地学习和积累。当保险销售员储备了足够丰富的销售经验和技巧，能够轻松地处理各种可能出现的情况时，恐惧心理便会不攻自破了。

销售精英如是说

你的下意识具有你所知道和不知道的力量，你必须控制这些力量以战胜自己。

——克莱门特·斯通

销售案例

赵磊刚大学毕业，便加入保险公司成了一名销售员。

由于工作经验不足，专业知识不够，赵磊最初的几次电话销售都以失败告终。这严重打击了他的信心和积极性，每次打电话联系客户时，他总会莫名地感到恐惧。所以，他总是找各种理由推迟打电话的时间。比如，计划9点给客户打电话，结果到了9点，赵磊心想：客户也许在开会，这时候打扰人家不合适。于是推到10点，到了10点，他又想：客户刚刚进入工作状态，这时候打电话，人家肯定会拒绝。就这样，他一再推迟打电话的时间，结果直到下班也没能把这个电话打出去。

案例分析

案例中的赵磊显然是受恐惧心理的影响，一次次甚至是毫无底线地对恐惧妥协。这种恐惧心理显然对赵磊的销售进程和业绩产生了消极影响，所以赵磊应该及时地调整心态，尽早将其克服。拖延得越久，恐惧心理就会越严重。

说些好听的话，让客户从心底产生好感

问 说好听的话时，需要注意哪些关键点？

答 因人而异、真心实意、适可而止、虚心求教等。

情景再现

客户：您好！这里是××公司。请问有什么可以帮您？

保险销售员：您好！是孙小姐吧？

客户：是啊，您是哪位？

保险销售员：我是××公司的李强，以前去贵公司见过您。您的声音十分动听，所以印象深刻。

客户：谢谢夸奖！您有什么事情呢？

保险销售员：哦，我有一件十分重要的事情要和赵总商谈，您帮我转接一下电话吧。谢谢！

客户：好的，我马上帮您转过去，请稍等。

许多公司的前台是保险销售员接触公司领导的“拦路虎”。很多时候，她们会主动替领导过滤掉一些电话。至于什么样的电话需要过滤，则完全取决于她们的经验和感觉。为了顺利地和公司领导取得联系，保险销售员不妨恰当地赞美一下前台，博得她们的好感，以便促进销售工作的进行。

赞美不仅对前台适用，对任何一名客户都会产生积极的作用。毕竟，每个人都喜欢听好听的话，喜欢别人赞美自己。保险销售员作为服务人员，更应该学会适度地赞美别人，只有这样，才能赢得客户的心。

在与客户通话的过程中，可以试着赞美对方几句，以满足对方的自尊心。这样做不仅能轻松地赢得客户的好感，拉近彼此的心理距离，营造出良好的沟通氛围，还有利于促使对方接受自己的观点，最终达到挖掘客户需求的目的。

要想做到恰当地赞美，以下四个方面需要多多注意。

因人而异	面对不同的沟通对象，应该做到因人而异，对公司高层可以赞美领导有方，对家庭主妇可以赞美贤惠持家，对年轻人可以赞美朝气蓬勃，等等
真心实意	赞美并不是阿谀奉承，而是发自内心深处的一种真情表达，是尊重别人的表现，过于夸张和虚伪的赞美，反而会让客户心生反感
适可而止	赞美的话也不是说得越多越好，而要适时适量，赞美只是一种拉近关系、赢得客户认同的手段，过多的赞美让客户觉得虚假，也会影响销售进程
虚心求教	请教类的谦恭之词也是赞美的一种表达，让客户站在“老师”的位置上，能够满足他们“为人师”的愿望

赞美的话语是世界上最美妙的语言，面对保险销售员的赞美，客户往往会欣然接受。因受赞美而产生的积极情绪，会让客户心花怒放。在这种情况下，客户显然会对保险销售员更加热情一些，也会更乐于接受销售员的建议。

所以说，保险销售员很有必要培养自己的赞美能力，与客户沟通时，真心实意、恰到好处的赞美将会起到出人意料的积极作用。只要保险销售员能够掌握好其中的度，就能很容易赢得客户的好感，保险销售也就多了一分成功的希望。

销售精英如是说

可以毫无保留地说，最重要的销售工具之一是推销员的声音。

——金克拉

销售案例

有一段时间，被称作日本保险“推销之神”的原一平工作十分顺利，他有些沾沾自喜，忘乎所以。

这一天，原一平把规规矩矩戴着的帽子歪到一边，轻松地走进一家烟酒店。没想到店主看到他之后非常愤怒，说原一平不尊礼数，在他那里买保险买错了。原一平意识到自己的无心之举冒犯了店主，于是立刻跪在地上向店主道歉：“您购买了我们公司的保险，我便把您当作了自己人，所以表现得任性了些。我并非故意冒犯，还请您原谅！”

店主没想到原一平竟会做出这种举动，一下子愣在那里。

见此情况，原一平继续磕头道歉：“我是带着与至亲相处的心情才那样做的，并没有任何轻薄您的意思。请您一定要原谅我！”

店主见原一平如此真诚地道歉，便把原一平拉起来，原谅了他。经过一番交谈之后，店主不仅没有记恨原一平，反而把投保额增加了数倍。

案例分析

客户总是喜欢听好听的话，无论是真诚的赞美，还是恳切的道歉，都能让客户打开心门，和保险销售员进行真诚而深入的沟通。原一平不仅得到了客户的原谅，还赢得了更大的保单。

初次见面就给客户留下深刻的印象

问　激发客户好奇心的方法有哪些？

答　提出耐人寻味的问题、展现给客户带来的价值、利用客户的从众心理等。

情景再现

保险销售员：先生，您好！能不能耽误您几分钟时间？

客户：你有什么事？我时间宝贵，抓紧时间说。

保险销售员：我专程拜访您，只是想了解一下上帝对保险有什么看法。

客户：什么？上帝的看法？

保险销售员：客户就是我的上帝，我来拜访您，就是拜访上帝啊！

初次与客户见面，客户会对保险销售员产生很强的防备心理。这时，销售员的开场白将会对整个沟通过程产生举足轻重的影响。一个成功的开场白，会让客户对销售员产生深刻的印象；一个失败的开场白，则会让客户对销售员产生更多的抵触情绪。

成功的保险销售，自然离不开成功的面谈，而成功面谈的前提则是引起客户的关注。只有以一种让客户印象深刻的方式展开话题，客户才会把注意力转移到保险销售员推销的产品上。

引起客户关注的方式多种多样，无论采用哪一种方式，只要能引起客户的注意，那么这种方式就是成功的。对于销售工作来说，这种方式也是十分积极而有效的。根据经验来说，充分利用客户的好奇心，就是一种行之有效的方法。那么，如何激发客户的好奇心呢？主要有以下几个方法。

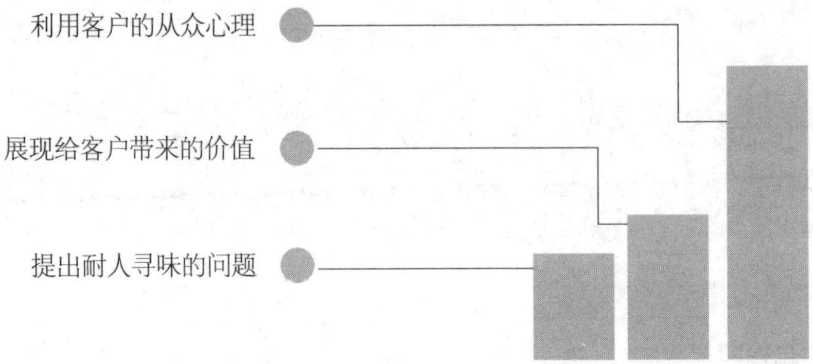

激发客户好奇心的方法

1. 提出耐人寻味的问题

客户对耐人寻味的问题总是充满好奇，很想知道问题的答案。这种类型的问题有："您猜猜这是怎么回事？""您知道是什么原因导致了这种情况吗？"等。

2. 展现给客户带来的价值

客户对产品能够给自己带来怎样的价值通常是十分关注的，如果销售员推销的保险产品能够给客户带来一些好处或利益，他们往往不会轻易拒绝。这种类型的问题有："您想不想了解一种稳赚不赔的理财方法？""我这里有一种让您的资产不断升值的方法，您想了解一下吗？"等。

3. 利用客户的从众心理

每个人都会或多或少地受到从众心理的影响，保险销售员完全可以利用客户的这种心理，来激发他们的好奇心。这种类型的问题有"实话实说，您的许多邻居已经通过我解决了养老金不足的问题，您想不想了解一下呢？”等。

很多客户的心门上都锁着一把巨大的“锁”，想打开并非易事。尤其是对销售新手来说，经验、能力等都稍显不足，稍有不慎，客户的心门就会锁得更加牢固。虽然有种种的不足和隐忧，保险销售员也尽量不要表现在外，而要以轻松、冷静的态度开启谈话。

保险销售员要巧妙地利用一些策略，去激发客户的好奇心，一旦客户被深深吸引，销售员便能按照自己的思路去开展保险销售的话题。之后再凭借优质的服务赢得客户的认可，为最终签单打下坚实的基础。

销售精英如是说

自己既然以推销作为职业，这当然就是我唯一的目标。为了达到这个目标，不论什么事情，我都要努力干到底。

——齐藤竹之助

销售案例

班·费德文每次拜访客户时，一进门就会“砰”的一声打开公文包。客户总会惊讶地问道：“这是什么东西？”

“这是我的产品啊！我的产品都是整捆进来的，您想要几捆？”班·费德文边说边从包里拿出一张千元大钞和两个一分硬币。

客户往往对千元大钞很感兴趣，而那两个一分的硬币则让客户深感惊讶：“班，你在公文包里放两个一分硬币干什么？”

“我在卖钱啊！每一元只卖两分钱。”班·费德文笑着说。

“这是怎么回事？说来听听！”很多客户都会主动让班·费德文讲一讲。

就这样，班·费德文成功地将客户的注意力吸引到了自己身上。接下来，他便开始自己的推销工作，轻松地把产品介绍给了客户，每一次都能获得不错的效果。

案例分析

班·费德文借助公文包和钱币激发了客户的兴趣，让客户将注意力集中到自己身上，接着在最短的时间内形象地展现了保险的价值，使客户对保险产品有了比较深刻的认知。

从客户的话中听出销售突破点

问 在倾听过程中应该注意哪些问题？

答 站在客户的角度思考问题、不打断客户发言、适当地表达观点等。

情景再现

保险销售员：您对人寿保险有怎样的看法呢？

客户：人寿保险嘛，我有一些了解……

保险销售员：那您现在有没有购买人寿保险？

客户：没有。

保险销售员：能不能说一说您没有购买的原因？

客户：是这样的，我……

保险销售员与客户谈话时，必须了解客户的真实想法和感受，搞清楚客户真正的需求究竟是什么。要想实现这些目标，就要给客户足够的机会去表达自己的意见，而销售员则要通过倾听客户的心声，获取更多的信息和资讯，以便更深刻、更准确地认识客户。可以说，倾听是保证语言沟通有效性的重要手段，良好的倾听有助于保险销售员解决销售中遇到的许多问题。

可惜的是，在很多情况下，一些保险销售员更喜欢自己滔滔不绝地说，似乎认为只有自己不断推销，客户才会愿意购买，却没有想过自己推销的产品是不是真的能够满足客户的需求。一个合格的保险销售员，往往懂得给客户留出足够的说话机会，自己则在客户表达观点的时候选择静静地、耐心地倾听。

有一点需要强调，那就是倾听的过程不仅是“听”这么简单，还要做好一些相应的工作，具体内容见下表。

站在客户的角度思考	与客户进行沟通的时候，保险销售员应该暂时忘记自己的立场，试着从客户的角度去思考问题，以此表现对客户的尊重
鼓励客户多说一些	顾客说得越多，透露出的信息就越多，保险销售员对客户的了解也就更深入，有利于销售员有针对性地开展销售工作
了解客户的真实需求	客户的真实需求往往隐藏得很深，只有激发客户的表达欲望，使其完全展现真实的自己，才能真正了解客户的需求，并据此提供更好的服务
不随意打断客户的发言	随意插话或是打断客户的发言，都是不礼貌的行为，往往会让客户心生反感，沟通便无法继续进行下去
掌握客户真正的想法	客户通常不会主动将自己的真实想法告知保险销售员，而是用借口或敷衍的理由来搪塞，保险销售员则要拨开迷雾，掌握客户真正的想法
适当地做出身体反应	倾听时做出适当的身体反应，不仅可以表明保险销售员在认真倾听，还可以与客户进行互动，说明领悟了对方的意图
适时适度地表达自己的观点	在认真倾听的过程中，也要在适当的时候简洁地表达一下自己的观点，以免客户产生对牛弹琴的错觉

倾听可以缓解工作压力，也能让客户更有好感。在沟通过程中，保险销售员应该积极鼓励客户表达观点，而且说得越多越好。这样做，不仅能够满足客户倾诉的欲望，还能掌握客户的很多信息。这样一来，双方的沟通就会变得越来越顺畅，心理距离也会变得越来越小，签单成功率也会越来越高。

销售精英如是说

学会倾听是当务之急。

——博恩·崔西

销售案例

乔·坎多尔弗每次和客户约谈之前，都会把自己比喻成一位外科医生。他总是对客户说：“我需要对您现在的生活做出一次诊断，然后就您当前遇到的问题开一些处方。如果您觉得符合您的理念，且您的经济条件可以支撑，那很好；如果您觉得不妥，那我就自觉离开。”

大多数的准客户都会给坎多尔弗一次面谈的机会。在面谈的时候，坎多尔弗真的会像医生询问病人一样提出许多问题：

“您对人寿保险有怎样的看法？”

“您是否想过把人寿保险当作一种投资方式？”

“您的税务状况良好吗？”

“您的孩子在学校表现如何？”

……

在客户畅所欲言的过程中，坎多尔弗就已经完成了收集客户信息的工作，他从这些信息中筛选出有益的线索，从而了解客户真正的买点。

案例分析

销售保险的过程中，倾听是一项重要的工作，仔细聆听客户的心声，有利于找到销售的突破点。乔·坎多尔弗之所以能够取得如此成就，关键在于他懂得倾听，能够在倾听的过程中挖掘客户最真实、最重要的需求。

挖掘客户需求，精准定位做销售

问 要想精准定位客户需求，哪些工作应该加以重视？

答 提前做好准备工作、从客户得意的话题入手等。

情景再现

保险销售员：阿姨，您有没有想过给自己买份保险，确保安享晚年？

客户：这倒没有。我有退休工资，还有一些储蓄，足够花销了。

保险销售员：那您可以用富余的钱买一些投资型的保险，给孩子多积攒些资金。

客户：我就一个女儿，早就嫁人了。他们关系不是很好，攒了钱也不一定是谁的。

保险销售员：如果您有这样的担忧，那我可以为您的女儿设计一个保险计划。不仅能保障您女儿以后的生活，而且对您的老年生活也有很多的好处。

客户：真有这样的保险吗？你详细地给我讲讲。

保险销售员：……

拜访客户的时候，保险销售员不能紧盯着最初设想的目标不放，而应该在交谈的过程中逐渐挖掘客户的需求，直至找到客户最为关切的重点，以此作为突破口，最终实现签单目标。

然而，在保险实践中，很多保险销售员只是热情洋溢地和客户谈论很多保险话题，却无法抓住重点，切中要害，给予客户最有效、最直接的保险建议。这种泛泛而谈造成的结果就是，客户虽然很欣赏销售员的口才，但对购买保险却没有丝毫的兴趣。要知道，每个人对保险的需求都是不同的，只有针对不同的情况，精准做出定位，才能抓住客户的痛点，顺利地实现签单。

那么，怎样才能快速而又准确地定位客户的需求呢？需要做到下表中的两点。

提前做好准备工作	拜访客户之前先收集一些客户的基本资料，如兴趣爱好、家庭状况、经济条件等。准备工作越充分，信息资料越详细，就越容易分析出客户需求的关键点
从客户得意的话题入手	越是得意的地方，越可能出现问题。当客户对自己的得意之事侃侃而谈时，往往会透露出许多有用的信息，对这些信息进行整理和分析，就能发现客户需求的关键点

只有了解客户的关键需求，保险销售员才能采取有针对性的销售策略，并为客户提供效益较高的保险计划，最终成功销售保险产品。那些成功的保险销售员，最后销售出去的一定都是客户最迫切需要的险种。因为实实在在的需要，对保险产品的理解便没有那么多的偏差，也就在一定程度上减少了纠纷和退保的可能。所以，从某种意义上说，挖掘客户需求的关键点，精准定位做销售，往往是保险销售员能够取得巨大销售业绩的关键所在。

一名优秀的保险销售员，通常能够运用自己理智的头脑和清晰的思维，在客户的叙述中抽丝剥茧，找到客户内心真正的担忧和需求，进而有的放矢地满足客户的需求，给予客户想要得到的利益，最终达到销售保险的目的。

销售精英如是说

问得越多，你了解得就会越多，这时候你就能更好地把握客户的真实需求。

——博恩·崔西

销售案例

一个星期六，柴田和子去拜访汽车销售公司的部门经理本田一郎。本田一郎的薪水丰厚，家里又只有一个孩子，所以从来没有考虑过为自己和家人购买保险。

在本田一郎见到柴田和子的第一时间，他便阐明了不需要购买保险的立场。柴田和子知道本田一郎薪水颇高，便说道：“我知道您现在拥有丰厚的薪水，那么您每个月能在银行存多少钱呢？”

这个问题让本田一郎无言以对，因为他是一个出了名的月光族，虽然薪水丰厚，却没有存下一分钱。

看到本田一郎的状态，柴田和子知道自己戳中了他的要害，于是接着说：“对每个人来说，生命都只有一次。一个三口之家中，如果夫妻之中的一个遭遇死亡、伤残或严重疾病的意外，就会给整个家庭带来沉重的经济压力。通过保险，可以获得一笔可观的赔偿金，能够有效地缓解家庭的经济压力……”

本田一郎边听边频频点头，在柴田和子的言语攻势下，他最终为自己和家人投下了巨额保险。

案例分析

很多时候，客户并没有意识到自己需要购买保险。保险销售员的工作，就是挖掘和激发客户的需求，让他们主动投保。本田一郎觉得自己衣食无忧，没有买保险的必要，柴田和子却从本田一郎没有积蓄这一点上发现，他缺乏抵御风险的能力，而保险恰恰可以为他提供这方面的保障。

第六章

客户表拒意？深析原因方可对症下药

↘ 客户“已经购买保险”：填补保障缺口显明智

↘ 客户“资金紧张”：表示理解巧签单

↘ 客户“没时间”：辨别原因，真诚应对

↘ 客户“再考虑考虑”：透过表象发现问题的根源

↘ 客户“要跟家人商量”：了解意图巧处理

客户“已经购买保险”：填补保障缺口显明智

问 对于客户的保险现状，有哪些信息需要了解？

答 险种、保险期限、对保险有何要求、是否满意现有的保险服务等。

情景再现

保险销售员：您好，王先生！我是××保险公司的业务员，我们公司新推出一项保险业务，现在购买有优惠，您有没有兴趣了解一下？

客户：不必了，我已经买过保险了。

保险销售员：哦，您都购买了什么保险呢？

客户：寿险、意外险，为了以防万一，我买了好多种。

保险销售员：您的保险意识还挺强的。不过买保险不单单是为了以防万一，还可以分红呢！分红型的保险您有没有购买过？

客户：这还真没有。

保险销售员：那我给您介绍一下怎么样？

客户：好的。

很多客户认为，买保险就是为了增加一份额外的保障，只要买过就行了，没必要再去多花钱。所以，“已经购买保险”成为很多客户拒绝保险销售员的天然理由。面对这样的拒绝，一些保险销售员会直接选择放弃销售，这显然是不恰当的。保险销售员应该坚定一个理念，即买过保险不意味着不再需要购买保险。毕竟每个险种都有不同的作用，销售员如果能深层次地挖掘客户的内在需求，填补客户的保障缺口，那么卖出保险并非难事。

面对客户的拒绝，优秀的保险销售员不仅要具备过硬的专业知识储备，还要懂得量体裁衣，从客户的投保情况入手，挖掘客户其他方面的保险需求。

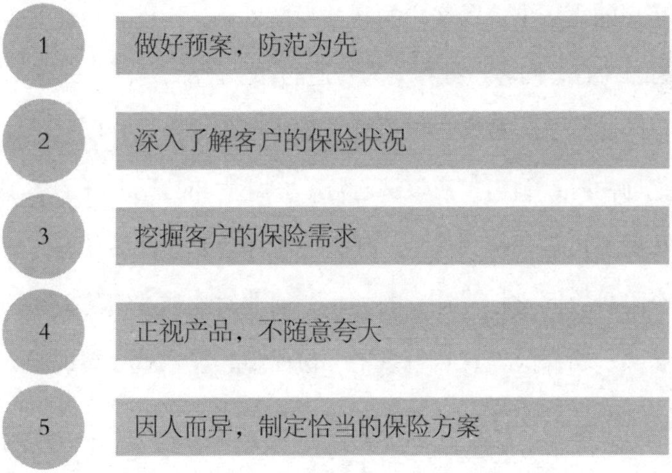

1. 做好预案，防范为先

拜访客户之前，应该做好预案，设想一下可能遭遇的被拒情况，并根据不同的情况做出相应的应对措施。这样做，可以减少被拒时的紧张感，并及时、有效地进行应对。

2. 深入了解客户的保险状况

通过沟通，了解客户的投保信息及保险现状，如购买了哪些险种、保险期限、对保险有何要求、是否满意现有的保险服务等。

3. 挖掘客户的保险需求

保险销售员可以从客户的保险现状入手，发现客户的保险漏洞，从而挖掘客户的潜在保险需求。

4. 正视产品，不随意夸大

保险确实能为客户带来一定的保障，但是每种保险都不是万能的，必然存在一定的局限性，销售员要正视产品，不可夸大其词，以免让客户产生上当受骗的感觉。

5. 因人而异，制定恰当的保险方案

站在客户的立场上，以客户的利益为出发点，指出客户在保险方面可以补充和完善的内容，向客户推荐更为合适的保险产品。

作为保险销售员，被客户拒绝是常见的现象。当客户以已经购买了其他险种为拒绝理由时，销售员应该试着让客户建立与自己一样的意识，即买过保险不意味着不再需要购买保险。任何一种保险都无法帮助客户解决所有的问题，各个险种之间是相互补充的关系，而非对立或冲突的关系。只要让客户意识到多买一份保险就意味着多了一份保障，客户就会被说服，保险销售就能成功。

销售精英如是说

一个人能否成功，关键在于他的心态。

——克莱门特·斯通

销售案例

赵磊从事保险销售工作已经十来年了，其间遭到多少次拒绝连他自己都数不清。一天，他去拜访一位客户。寒暄完之后，赵磊开始进入正题。

赵磊："我们公司新推出了一款保险产品，要不要我给您介绍一下？"

客户："我已经从你那里买了保险，怎么还让我买？"

赵磊："您是我的老客户，我当然知道您买过保险。但是这种保险和您之前买过的保险不一样，主要是保障您的财产安全的。”

客户：“我又没有什么重要财产，小偷想偷都偷不到东西，买保险干什么？”

赵磊：“这个保险不止赔偿盗窃损失，火灾、冰雹、暴雨等造成的损失，都能得到赔偿。”

客户：“真的啊？那你得好好跟我说说。”

赵磊和客户进行深入而细致的沟通之后，客户最终购买了赵磊推荐的保险。

案例分析

面对老客户的无情拒绝，赵磊并没有轻易放弃，他从客户的个人利益着手，抓住了客户对财产保险的需求，从而成功完成了销售工作。

客户“资金紧张”：表示理解巧签单

问 客户以“资金紧张”表示拒绝，有哪些方面的原因?

答 可能是确实没钱购买保险，也可能是故意找个拒绝的理由。

情景再现

客户：我暂时没有考虑买保险，因为经济压力太大了。

保险销售员：现在大家都有很大的经济压力，这一点我非常理解。但是，您也知道，经济压力可以随着您收入的增加而逐渐缓解，但是疾病或意外的出现是充满不确定性的。万一不幸降临，保险恰恰可以缓解您的经济压力。

客户：这一点我也知道，只不过我现在真的没有富余资金。

保险销售员：我能理解您的难处，家家有本难念的经。跟您聊了聊，觉得您很亲切，就像亲人似的。反正保费也不多，如果您想买，我就先帮您垫上。您看怎么样?

客户：你这么说，我都不好意思了。保费这点钱我还是有的。

保险销售员：那好，您先看看合同。

在推销保险的实践中，有很多客户会以“没钱”“资金紧张”等理由拒绝保险销售员的推销。当保险销售员因此而吃闭门羹时，退缩或放弃都是不可取的，应该认真分析一下客户说出这种理由的真正原因。

常见理由	原因分析	应对措施
“没钱” “资金紧张” “经济压力大” “无力支付保单”	①客户确实没有足够的资金或因预算出现问题暂时无法考虑购买保险的事情	持续联络，以后再寻找恰当的时机进行销售
	②客户对产品根本没有兴趣，不过是故意找个理由拒绝保险销售员而已	引导客户意识到生活中存在的各种隐患，让他认识到保险的重要性
	③客户对保险销售员推荐的保险产品认知不够深刻或是存在某种形式的误解	向客户详细讲解产品，告知他保险能带来怎样的保障作用
	④保险销售员推荐的产品与客户的需求无法匹配	根据客户的需求，选择适当的保险产品进行推销

无论客户是出于何种原因表达拒意，保险销售员都该首先表示理解。然后从风险、意外、疾病等方面着手，让客户意识到这些潜在的隐患确实是真真切切存在的，它们并不会以人的意志为转移，也不会在发生时提前向客户做出预警或提示。一旦真的发生在客户身上，客户可能要面临完全无法承受的结局。这样一步步有理有据地论证保险能够提供的风险保障，相信可以打动客户。

一般而言，保险销售员可以从下面三个角度入手，巧妙地化解客户的此类拒绝。

分析客户的资金紧张程度	保险销售员可以通过客户的穿着打扮、生活条件、工作环境等来判断客户的资金状况
突出保险的保障作用	疾病、意外等常见的风险是无法预料的，它们也不会因为一个人经济情况不佳而选择避开，当意外降临时，保险的保障作用就会得到凸显
推荐适当的保险品种	认真为客户挑选一款既能负担得起又确实能为生活带来保障的保险，真情实意加上经济适用，往往能够打动客户

客户拒绝购买保险的理由，可谓多种多样，面对“资金紧张”的客户，保险销售员首先要分析客户如此拒绝的真正原因，然后再根据具体情况做出有效的应对。

无论采取何种应对措施，保险销售员都应该把客户的利益放在第一位，从客户的角度展开说服、销售，只有理解客户、体谅客户，才能让客户感受到销售员是真心实意地为他考虑，才能赢得客户的信赖。

销售精英如是说

只要你说的话有益于别人，你将到处受到欢迎。

——原一平

销售案例

乔·坎多尔弗是全美十大杰出业务员之一，一年内的保险销售额超过10亿美元。他刚刚进入保险行业的时候，也曾遭到很多客户的拒绝。

一次，坎多尔弗去一位面包批发商那里做推销，没想到他刚刚说明身份，就被对方轰了出来。他想不明白，为什么会受到这样的抵触，有时候对方连会面的机会都不给他。

直到有一次坐船渡江的时候，坎多尔弗看到船上的船员和岸上的人抛接缆绳的过程，才猛然意识到，自己只想着靠近客户，推销保险，却没有采取正确的方法，所以客户才不愿接过他抛出的“缆绳”。只有找到接近客户的办法，才能逐渐靠近客户，让客户慢慢接受产品。

此后，坎多尔弗查阅了大量接近客户的方法，向很多经验丰富的推销员求教，再加上自己的不懈努力，终于找到了能够接近客户的方法，实现了销售的突破。

案例分析

客户选择拒绝保险销售员，其中的原因是多种多样的。保险销售员要从各个方面进行分析，找到客户拒绝的深层原因。乔·坎多尔弗发现了问题，解决了问题，这为他提升业绩打下了坚实的基础。

客户“没时间”：辨别原因，真诚应对

问 面对说“没时间”的客户，应该如何应对？

答 保持尊重和真诚，和客户另约洽谈时间。

情景再现

保险销售员：您好，李女士！我是××公司的保险销售员，能不能耽误您几分钟时间？

客户：我在开会，没有时间。

保险销售员：很抱歉打扰了，那您一个小时以后应该能开完会吧？我到时候再打给您。

客户：这个会至少得两个半小时。

保险销售员：那好，我三个小时之后再给您打电话。

（三个小时之后）

保险销售员：您好，李女士！我是××公司的保险销售员，三个小时以前给您打过电话，现在您有时间了吗？

客户：有几分钟。有什么事你说吧。

以“我很忙”“没时间”“正在开会”“手头有事”等理由来拒绝保险销售员，也是客户常用的一种手段。遇到这种情况时，保险销售员要礼貌道歉并

主动约定再次交谈的时间。倘若已经屡次遭到拒绝，保险销售员可以要求几分钟的时间，力争在几分钟内引起客户的兴趣，以便得到继续深入沟通的机会。

对于保险销售员，表示拒绝就像很多人的本能反应一样，而“没时间”则是一种非常好用的理由。很多销售员见客户没有时间，便主动、礼貌地选择拜别，觉得这样才能给客户留下良好的印象。殊不知，如此轻易地选择放弃，便失去了和客户进一步沟通的机会和可能。无论客户“没时间”的理由是真是假，保险销售员都要以真诚的态度提供服务，以专业的技能逐步打消客户的疑虑，最终说服客户。

那么，保险销售员应该怎样应对，以改变客户的态度和想法呢？

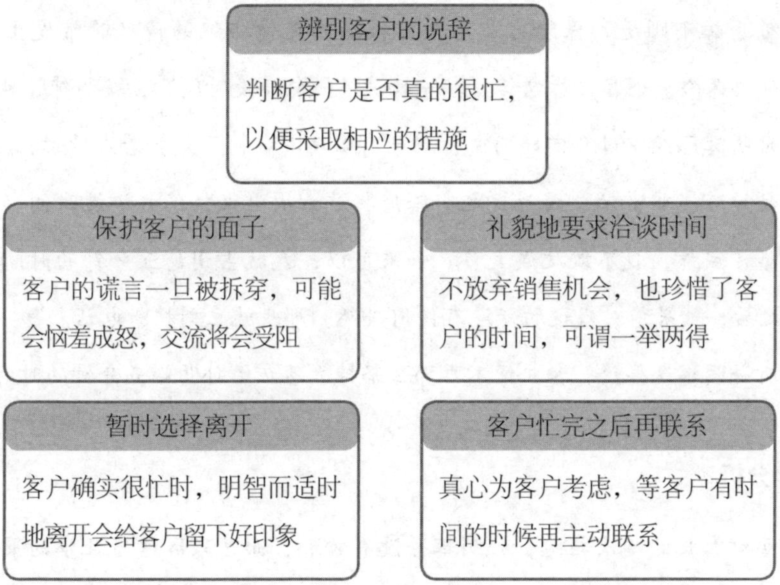

做任何事情都不可能一蹴而就，保险销售工作同样如此。当客户以“没时间”作为拒绝理由时，保险销售员千万不要盲目地死缠烂打，以免引起客户的反感。

面对这种情况，保险销售员应该表现出对客户的理解之情，而且无论客户拒绝的真正原因是什么，都要以真诚的态度进行回应，和客户进行积极的交流。在这个过程中，保险销售员要学会察言观色，借助策略和技巧，赢得和客户持续沟通的机会。

销售精英如是说

我每天都会为自己定下一个目标，要是完不成，我连命都不要了，还怕你拒绝。

——徐鹤宁

销售案例

孙明辉刚刚进入保险行业不久，被客户无情拒绝的情况时常发生。一天，孙明辉给一个客户打电话，客户只说了一句“没时间”，就拒绝了他。

孙明辉已经吃过几回闭门羹，对此有心理准备，于是笑着继续说：“孙先生，我知道您非常忙，因为我之前给您打过六次电话，您都说没时间。您的时间非常宝贵，我不敢耽误太多。如果可以，我就占用您五分钟的时间，五分钟之后，如果您对我说的话没有任何兴趣，那我就立刻挂断电话。”

听孙明辉这样说，客户便不再那么坚持，答应给孙明辉五分钟的时间。

案例分析

面对客户的屡次拒绝，孙明辉并没有放弃，而是采取适当让步的策略，为自己赢得了五分钟的时间。时间虽然短暂，但是只要做好准备工作，打动客户也并非无法实现。

客户“再考虑考虑”：透过表象发现问题的根源

问 客户表示“再考虑考虑”，可以采取哪些应对措施？

答 主动询问，了解客户的真实顾虑；明确阐述，让客户明白投保的重要性；等等。

情景再现

保险销售员：周先生，您觉得这个保险计划怎么样？

客户：挺好的，只是我还需要再考虑一下。

保险销售员：我也发现了，您是很想购买这个产品。可是您好像还有一些顾虑，能不能跟我说一说呢？

客户：没什么顾虑，我只不过想仔细想一想。

保险销售员：如果是和保险有关的问题，您可以说出来，咱们再探讨。如果不是，我也请您说一说，不管您买不买保险，我都希望可以为您分担一些。

客户：唉，是这样，最近公司的销售出现了一点儿问题……

有些时候，客户会把“再考虑考虑”作为拒绝保险销售员的理由，这种拖延式的拒绝背后，也许隐藏着一些客户不愿启齿的原因。如果保险销售员只是简单地接受了客户“考虑”的观点，那么这笔订单很可能会丢掉；如果保险销售员懂得透过现象去挖掘本质，发现客户拒绝的根源问题，那就能清除真正的签单障碍。

客户的每一分钱都是自己辛苦挣来的，所以花钱时小心谨慎是可以理解的。无论客户以什么理由表示拒绝，保险销售员都应该理性看待，千万不能产生“辛辛苦苦讲半天，白费力气了”之类的想法。试着从另一个角度去想，比如客户是不是有什么难言之隐，所以才说“考虑考虑”，也许就能发现客户拒绝的真正原因。只有在了解客户真实想法的基础上，保险销售员才能采取正确而有效的应对措施。

当遇到客户延迟做决定的情况时，保险销售员可以试着从下面两个方面入手，促使客户完成签单。

1. 主动询问，了解客户的真实顾虑

有些时候，客户是因为确实遇到了一些难题，才会延迟做出决定。面对这种情况，保险销售员应该主动询问原因，真诚地表现出为客户解决问题的态度。所谓“买卖不成仁义在”，能够真心实意为客户着想的销售员，通常都能赢得客户的心。如果真能帮客户解决难题，那么销售员在客户心目中的地位将会得到极大的提升，保险销售工作就会变得轻松许多。

2. 明确阐述，让客户明白投保的重要性

有些客户认为，越早购买保险，就是越早将钱交给保险公司，让保险公司多赚了钱，倒不如把钱多放在自己手里一段时间。实际上，越早投保，就越早享受保障和受益。而且，越早购买保险，以后要交纳的保费就越少。保险销售员要明确地向客户阐述其中的利害关系，促使客户及早签下订单。

遇到客户拖延的情况时，保险销售员首先要搞清楚一个问题：客户这样做，究竟是对保险方案有疑问，还是有自己的苦衷，抑或是随便找个借口敷衍而已。只有弄清楚客户做出这种举动的真正原因，从根本上消除客户的疑虑，才能顺利完成签单。

销售精英如是说

你要从客户的拒绝中发现客户的顾虑所在，进而采用新的创意去说服客户。

——戴夫·多索尔森

销售案例

克莱门特·斯通16岁的时候，就开始替母亲卖保险。

第一天销售保险的时候，他按照母亲的指点来到一幢办公楼前。那时的他，对如何销售保险一无所知。虽然有些紧张和害怕，他依然勇敢地走进大楼，敲开了一扇扇紧闭着的办公室大门。

不出意料，斯通遭到了多次拒绝，但是他并没有放弃希望，随着和办公室职员接触的增多，他变得更加自信，沟通也变得游刃有余。

最终，有两个职员购买了保险，虽然数量不多，但是对第一次销售保险的斯通来说，已经是一个非常完美的答卷了。

案例分析

每个保险销售员都被拒绝过，一旦被拒绝，销售员应该做的是分析原因，继续前进，而不是垂头丧气地接受失败的命运。在这一点上，斯通做得很好，虽然是第一次销售保险，但他乐观和不放弃的精神，说明他具有成为优秀销售员的潜力。

客户“要跟家人商量”：了解意图巧处理

问 为了表示尊重，可以让客户尽情和家人商量吗?

答 没有完成签单，就可能出现变化，必须主动约定拜访时间，持续跟进。

情景再现

保险销售员：您觉得这份保险计划怎么样?

客户：还不错，但是我要回家和家人商量一下。

保险销售员：这份保险计划对您全家都有益处，我想您应该很明白这一点。既然是为家人考虑，我想他们也会同意的。

客户：我明白保险的好处，但是我还是应该和家人商量一下。

保险销售员：看得出来，您是一个很重视家庭，也很尊重家人的人。不如这样，咱们约个时间，我去您家拜访一下，我当面为他们解答问题，应该更清晰一些。您觉得周六好还是周日好?

客户：你考虑得挺周到，那就周日吧!

面对客户“要跟家人商量”这种拒绝，保险销售员需要确认一点，那就是客户是真的要和家人商量，还是在其他方面存在顾虑。无论何种原因，销售员都应该积极应对。当客户态度坚决，一定要和家人商量时，主动约定下次拜访的时间，是比较明智的一种做法。

毕竟，大部分客户购买保险本就是为了整个家庭的利益，当需要支出一大笔费用时，自然也要考虑家人的感受，以及会不会对家庭生活造成影响。

可惜的是，有些保险销售员并未站在客户的角度上去考虑问题，而只是急于签单，于是做出了一些错误的应对。比较常见的错误应对方式，有以下三种：

错误应对方式	错误分析
“一份保险不过几千块钱，这还要和家人商量吗？”	这种说法会让客户觉得没有面子，不利于销售活动的展开
“这点事都要和家人商量，您还做不了主吗？”	这种说法带有讽刺客户没有家庭地位的嫌疑，容易引发客户不满
“好吧，您先和家人商量，什么时候确定了再给我打电话吧！”	这种说法充满了消极情绪，客户一旦受到家人影响，很可能会放弃投保

保险销售员遇到的拒绝理由可谓多种多样，而“要跟家人商量”这个合情合理的理由，往往让很多销售员觉得很难应对和处理。实际上，只要辨别出客户是真的要和家人商量还是随便找个借口，接下来的工作就变得容易多了。

在客户自己没有异议的情况下，想要和家人商量，保险销售员可以从专业知识或是不给家人带来选择困扰的角度，说服客户自己做出决定；如果客户坚持要和家人商量，销售员也不能强硬地表示拒绝或是以嘲讽的方式做出回应，抑或是以冷漠的态度放任客户与家人随便商量。对已经有购买意愿的客户，销售员应该步步紧跟，抓住一切机会尽快完成签单，以免客户在与家人商量的过程中出现变故。

销售精英如是说

成功的销售所遇到的拒绝要比失败的销售所遇到的拒绝多出两倍。

——博恩·崔西

销售案例

丽娜与一个潜在客户进行了真诚而细致的沟通，详细地介绍了产品的特点和保障功能，客户对保险计划也表示认可。然而，就在丽娜觉得签单即将成功时，客户却表示“要和家人商量一下”。

丽娜意识到，客户对保险计划还有一些顾虑，于是和客户继续进行沟通。当发现客户是真的想征求家人的意见时，丽娜松了一口气。她对客户说：“我知道您是一个尊重家人的人，但是有两个问题我要跟您说清楚。第一，从专业的角度说，您的家人对保险也不是很了解，您向他们请教，他们也不一定能给出好的选择。第二，从保险受益的角度说，保险是为了保障整个家庭的利益，但是前提是要发生一些意外情况，您的家人肯定既想有所保障，又不愿发生什么意外，处于这种矛盾的状态下，家人也是不好做出决定的。所以我觉得，您征求家人的意见，反倒会给家人增添困扰。您说呢？”

丽娜的一席话备受客户认可，于是他欣然接受了丽娜的建议。

案例分析

客户真心想和家人商量时，说明他已经从心底里接受了保险计划，此时，保险销售员可以从情、理两个方面引导客户自己做出决定。

第七章

客户存异议？巧妙处理促签单

- 异议一：买保险不如把钱存银行
- 异议二：保险没有股票收益高
- 异议三：年轻人买保险没什么用
- 异议四：保险公司说不定哪天就倒闭了
- 异议五：保险理赔程序太烦琐

异议一：买保险不如把钱存银行

问 说服喜欢把钱存在银行的客户时，哪些问题应该注意？

答 不轻许承诺、不贬低客户、不简单概述保险的好处等。

情景再现

保险销售员：您好！我是××保险公司的销售员，我们公司新推出一款保险产品，您有兴趣了解一下吗？

客户：买保险不如把钱存银行，还能赚利息。

保险销售员：您说得不错，但是我们的保险也有分红型的，能得到的收益并不比银行利息少。

客户：钱存在银行，我想什么时候取就什么时候取，多方便啊！

保险销售员：银行存取确实方便，但是在遭遇意外时，银行不会给您额外的赔偿，保险却能为您解燃眉之急。

客户：说得也有道理，你给我介绍一下吧！

在推销保险时，很多销售员会遇到喜欢把钱存在银行的客户，他们觉得钱放在银行既保险又方便，还有利息可拿，可谓一举多得。客户之所以会有这种认知，一方面是因为他们长期以来形成了固有的理财偏好；另一方面是因为他们没有意识到保险能够给他们带来怎样的保障。

鉴于这种情况，保险销售员可以顺水推舟，以认可客户的观点作为着手点，就此展开话题，通过“把钱存银行”和“购买保险”之间的对比，向客户阐述保险具有的优势。

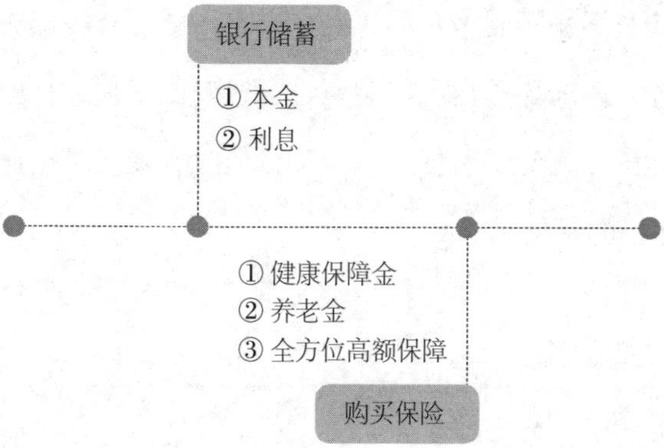

在尝试说服客户的时候，保险销售员要始终保持尊重的态度，引导客户自己去分析和思考，进而发现自己对保险的潜在需求。相信通过保险销售员的详细对比，客户自己就能做出准确的判断。

在化解客户异议的过程中，保险销售员万万不可制造新的矛盾和问题，以免给销售增加无谓的困难。在销售实践中，比较常见的错误行为有以下三种：

错误行为	行为分析
与客户针锋相对，贬低客户认知，如对客户说“您的观念太陈旧了，现在把钱放在银行也没有多少利息”	贬低客户的行为，只会让客户产生更多反感，对于销售工作有害无益
概括表述，无法详细地描述保险的优点，如对客户说“我们的保险更好，比银行储蓄强多了”	没有突出保险的优势，无法吸引客户的注意力，还会让客户产生被忽悠的感觉
信口开河，做出无法兑现的承诺，如对客户承诺“我们的保险分红，保底利率可以达到10%”	为了吸引客户便随意做出承诺，无形中会误导客户，造成失信、虚假等严重问题

对于保险销售员来说，消除客户的异议是成功销售保险的必经步骤。“买保险不如把钱存银行”是很多人的固有思维，要想完全改变并非易事。但是，这并不能成为保险销售员退缩和放弃的理由。当客户表现出类似的理财偏好时，销售员不妨顺着客户的思路，以客户能够接受的方式展开话题。在交谈的过程中，逐渐渗透自己的观点，通过对比来展现保险的优势所在。当客户自己分析出保险确实有保障意义和价值时，便会接受销售员的建议，购买一份适合自己的保险。

销售精英如是说

客户的问题和异议就是推销员的机会。

——弗兰克·贝特格

销售案例

汪强在保险行业摸爬滚打了许多年，许多老客户都和他成了亲密的朋友。在最初推销保险的时候，很多人都不认可，尤其是一些年龄比较大的人，总是觉得把钱放在银行里更安全、更放心。

面对这种客户，汪强总会耐心地为他们分析其中的利弊：“如果在银行存上5000元，确实能够得到一些利息，但是如果生病了，这5000元不一定够用。可是如果用这5000元买保险，当生病的时候，就能从保险公司获得两万的保险金。当然了，没有人愿意生病，可是真的有了疾病时，谁也没有办法阻止。往小了说，这笔保险投资可以为家庭减轻负担；往大了说，这笔投资就是您老年生活的保障……”

听了汪强的话，很多人都会选择购买一份保险，为自己，也为家人。

案例分析

很多人本着稳妥的宗旨，把富余的钱存进银行，以为这是一种最保险的做法。如果保险销售员能让客户意识到，保险比储蓄好处更多，那么客户自然会选择对自己更有利的保险产品。

异议二：保险没有股票收益高

问 想说服青睐股票的客户，应该怎么做?

答 首先认同客户的观点，然后提出诱导性问题，最后强调保险和股票可兼容。

情景再现

客户：你的这个保险计划虽然很好，可是把钱投进股市，能够赚到的钱更多。

保险销售员：我知道您对股市很有研究，也在股市赚了很多钱。不过保险最大的作用是保障您的财产安全，免除您的后顾之忧。

客户：用这些钱赚到更多的钱，财富一直增加，还有什么可担忧的?

保险销售员：您在股市摸爬滚打这么多年，有没有见过稳赚不赔的股票呢?

客户：肯定没有啊!

保险销售员：这就对了。您一直赚钱当然是好的，万一赔了呢?您家人的生活怎么保障?您买这份保险只需要3000元，对您购买股票影响不大，但是能给您的家人带来保障，没有了后顾之忧，您炒股时会更轻松和理性，您说是不是?

客户：嗯，说得有道理。那我就买一份。

在销售实践中，也有很多客户对股市更加心仪，觉得购买股票赚钱更快，保险的收益率根本无法和股市相提并论。从快速赚钱的角度上来说，保险确实不如股票，但是股市的风险巨大，没有人能保证自己一直稳赚不赔。一旦行情下跌，股民的损失将难以估量。保险销售员恰恰可以抓住保险的保障性这一点，让青睐股票的客户意识到，保险是规避风险的有效方式，购买保险是对家人和自己负责的一种方式。

在那些自认为对股市很有研究且能在股市赚取很多财富的人看来，保险有些不值一提，因为他们总觉得自己能够赚钱，从而忽视了股市的风险。想要说服这类客户，确实需要花费一番工夫。

有些保险销售员认为，只要把股票的劣势摆在客户面前，客户就会主动放弃炒股，转而选择购买保险。实则不然，一味对客户说股票不好，只会触犯客户的忌讳，非但无法说服客户，还会让客户更加抵触保险。

那么，保险销售员到底应该怎么做，才能说服客户购买保险呢？通常来说，有三个步骤，如下图所示。

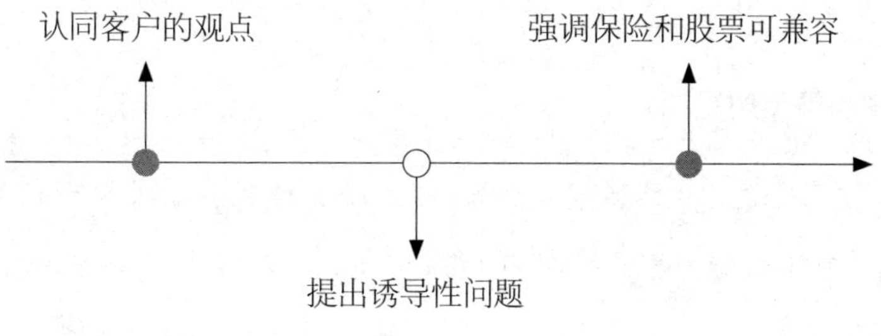

1．**认同客户的观点**

首先对客户的观点表示认同，承认保险的收益率不如股票，以此减少客户的戒备心理，缓解紧张的气氛，使客户减少对保险销售员的抵触情绪。

2. 提出诱导性问题

围绕客户炒股的话题，提出诱导性的问题，如“有没有稳赚不赔的股票”等，进而引出股票的劣势和保险的优势，从而激发客户购买保险的欲望。

3. 强调保险和股票可兼容

如果客户依然存有异议，可以强调保险和股票的兼容性，让客户意识到保险是炒股的有益补充和保障，两者之间并不矛盾。

对所有的人来说，能够赚到钱是一件让人开心的事情，在利益的驱使下，人们往往会产生认知上的偏差，盲目地自信。尤其是身处股市的人，更容易因财富的迅速膨胀而对自己充满信心。在这种情况下，要想说服他们去购买保险，可能会有些杞人忧天。所以说，保险销售员一定要找一个准确的切入点。

在股市里，行情变化极快，客户在获得巨额回报的同时，也要承担巨大的风险。让客户意识到这种风险对自己及家人的影响是实实在在存在的，而保险恰恰可以分散这种风险，客户就会认识到保险的重要性，对保险销售员的推销也就不会那么排斥了。

销售精英如是说

如果推销员自己都信心不足，就会自然不自然地在客户面前有所流露，就会影响到客户的购买情绪。

——艾德娜·拉尔森

销售案例

一个偶然的机会，小胡结识了在股票市场摸爬滚打了多年的老赵。

几次沟通之后，小胡发现老赵最近在股市赔了不少钱。于是，他试着把保险推销给老赵："老赵，你有没有考虑过买点分红型保险？这可比买股票稳妥多了。"

"保险哪有股票赚钱多啊！我没想过。"

"股票确实有很高的回报率，但是风险也高啊！如果把经济生活比喻成一场足球比赛的话，股票就是前锋，保险就是守门员。倘若前锋能进球，守门员又能守得住，那就能为球队带来胜利；倘若前锋进不了球，守门员却能守得住，至少能为球队带来一场平局；倘若前锋不进球，又没有守门员守着，那这场球肯定就输了。您说是不是？"

"这话说得倒是不错，但是现代社会节奏这么快，赚钱也得讲快啊！"

"如果您还没有组建家庭，想怎么尝试都可以，但是有了家庭，就该首先确保家庭的稳定，赚钱快慢都是后话了。所以，我建议您拿出一小部分钱来购买保险，为家庭留个保障。"

老赵虽然没有立刻同意投保，但是心态显然有了转变。两个星期后，他主动找小胡购买了一份保险。

案例分析

有些客户像老赵一样，由于过度痴迷股市的高回报率，而忽视了股市的巨大风险，保险销售员可以从风险和保障的角度着手，让客户意识到保险给自己带来的益处。

异议三：年轻人买保险没什么用

问 说服年轻客户购买保险，有哪些常用方式?

答 大体来说，有理性说服和感性说服两种。

情景再现

客户：我现在还年轻，身体健康，一切都好，买保险没什么用！

保险销售员：正是因为年轻，您现在买保险才合适啊！

客户：这话怎么说?

保险销售员：您现在年轻，核保很容易通过，交费周期比较长，交的保费也比较低，等以后享受保险福利的时候，你可以享受更多。

客户：这么说还挺有道理，你接着说吧！

保险销售员：……

现在，很多年轻人追求自由、刺激的生活，缺乏长期的生活规划。过度放纵的生活方式，其实就是对健康和身体的提前透支，当年龄逐渐增长，身体机能逐渐下降时再买保险，需要支出的保费会比年轻时支出的多出很多。保险销售员通常可以从理性和感性两个角度来尝试说服年轻客户，让年轻人也加入投保的大家庭。

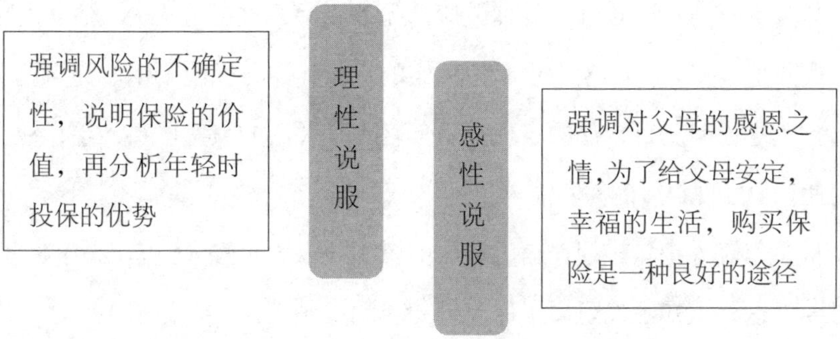

与潜在客户接触的经验告诉我们：年轻人总是充满自信、朝气蓬勃，自认为比较年轻，所以风险意识比较薄弱，加上收入水平不高，经济基础一般，所以年轻人常常抱着尽情享受当下的态度，对购买保险的事情往往并不上心。面对比较年轻的潜在客户，保险销售员可以从以下几个方面展开说服。

1. 保险是抵御意外的保障

意外并不会根据年龄选择受害对象，所以每个人出现意外的概率都是一样的。年轻人经济条件一般，在遭受重大意外时的承受能力相对较低，有了保险作为保障，年轻客户的经济压力就会减轻许多。

2. 居安思危，有备无患

购买保险，是为了防备不时之需，当意外出现时再想购买就已经来不及了。风险和意外也许不会真的降临，但是做到有备无患，生活就多了一份安心。

3. 年轻时投保是对年老的自己负责

一个人在年轻时就能为老年生活做好规划，这是睿智和有远见的表现。年轻时为自己购买一份保险，年老时就有了经济保障，可以让客户在晚年时有尊严地生活。

4. 年轻时投保是对整个家庭负责

年轻人觉得自己年轻，身体健康，无须投保，这都是从个人的角度出发的。实际上，年轻人对家庭也承担一定的责任，购买保险不仅能为自己提供保障，也是为家庭负责任的表现。从年轻客户关心的家庭成员入手，往往可以促使客户发现自己的保险需求。

很多年轻人把年轻视作自己最大的资本，以为年轻人完全没有购买保险的必要，这种认知不仅阻碍了保险销售员的推销工作，也让很多年轻人在遭受意外时承受了巨大的经济压力。面对这种类型的客户，保险销售员可以从客户比较关心、在意的人入手，唤起客户的责任意识，引导客户认识到风险是无处不在的，然后通过分析年轻时投保的优势和必要性，激发客户购买保险的需求。

销售精英如是说

其实在很多时候，我们之所以失败，并不是成功离我们非常遥远，而是我们没有全力以赴罢了。

——克莱门特·斯通

销售案例

孙萌刚刚毕业不久，一个偶然的机会进入了保险行业。在销售保险的过程中，她和年轻人有了很多的接触。她发现，很多年轻人并不是不想买保险，只是受困于经济条件，所以无奈地选择对保险视而不见。

一天，孙萌向一位年轻人推销保险，年轻人听明白了孙萌的意思，立刻表达了不同意见，他觉得年轻人身体健康，完全不需要购买保险。孙萌意识到，这个年轻人对保险的了解并不多，不知道保险能够带来的保障作用。于是，她向年轻人提出了一个问题："如果保险是免费赠送的，您希望谁是受益人呢？”

“当然是我的父母了。”年轻人毫不犹豫地说。

“看得出来，您是一个孝顺的人，那您更应该为您的父母多准备一份保障，如果您购买了保险，不仅能免除自己的后顾之忧，还能为您父母的现在和将来提供一份保障。您觉得呢？”

年轻人稍微思考了一下，觉得孙萌说得很有道理，于是和孙萌进行了深入的沟通。

案例分析

年轻人之所以觉得自己不需要买保险，主要是因为他们只站在自己的角度上思考问题，保险销售员如果能把客户比较关心的人作为切入点，往往更容易走进客户的心里，说服客户购买保险。

异议四：保险公司说不定哪天就倒闭了

问 客户担心保险公司会倒闭，销售员该从什么角度消除异议？

答 从法律或公司的角度说服，抑或转移话题。

情景再现

客户：如果我买了保险，你们公司却倒闭了，我的保险不就白买了？

保险销售员：这一点您可以放心。国家对保险公司的经营有十分严格的规定，也会对保险公司进行严格的监管，每家公司都有一定的准备金，所以您的利益是有多重保障的。

客户：就算有准备金，公司倒闭了，我的保险也没法继续受到保障啊！

保险销售员：即便公司倒闭了，保监会也会协助保险公司解决财务和债务问题，您的利益肯定不会遭受损失的。

客户：这样啊，那我就放心了。

通常来说，保险是一种期限比较长的契约，客户在初次购买时就需要支付一笔资金，所以客户对保险公司能否长期经营有所担忧实属正常。当客户表达出这种异议时，保险销售员需要通过有力的、权威性强的依据来说服客户。

在保险销售活动中，处理这种异议的比较常见的方法有三种，如下图所示。

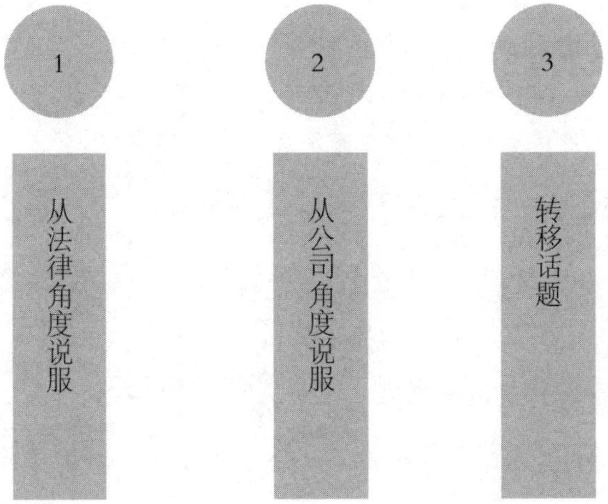

1. 从法律的角度说服

国家对保险公司的经营有很多法律条规的限制，在保险公司倒闭时，国家会根据相关规定，采取相应的手段来保护客户的利益。从法律的角度来强调保险公司不会轻易倒闭，说服力更强一些。

2. 从公司的角度说服

通常来说，一家公司的信誉、名声等，都是在长年累月的经营活动中积淀下来的。当客户对保险公司能否长期经营产生疑问时，保险销售员可以从公司的发展历程、资历、实力和信誉度等方面展开说服工作。

3. 转移话题

当客户产生异议时，保险销售员可以先向客户解释公司针对倒闭情况所做的防范措施，然后巧妙地把话题转移到客户应该注意和规避的风险上，这样不仅能打消客户的顾虑，还能避免在无谓的话题上浪费过多的时间。

总而言之，当客户提出“保险公司说不定哪天就倒闭了”之类的异议时，保险销售员不仅要想办法消除客户的疑虑，还要巧妙地把话题转移到与客户切身相关的保险问题上。这样做，才能避免在无谓的问题上纠缠不清，浪费宝贵的时间，为最终完成销售清除障碍。

销售精英如是说

遭到客户拒绝不是失败，而是成功的一部分。

——戴夫·多索尔森

销售案例

白鸽与一个客户商谈了几次，双方就保险方案基本达成了一致。然而，就在客户确定投保之前，他又提出了一个尖锐的问题：“我投保以后，如果你们公司倒闭了，我该怎么办？”

这个问题白鸽已经回答过无数遍，对此已经轻车熟路，她先后从国家法规，保险公司的制度、资质、实力、信誉等角度向客户做出解释，并拿出相应的证据，来印证自己所说的话。

客户看到切实的证据，终于安心地和白鸽签订了合同。

案例分析

客户对保险公司能否长期经营的疑虑，从来都没消失过。面对这样的质疑，保险销售员只要像白鸽一样全面而确定地进行解释，往往可以说服客户。

异议五：保险理赔程序太烦琐

问 导致客户对理赔程序产生异议的原因主要有哪些？

答 保险公司理赔程序严格、保险销售员缺乏职业素养及客户签单时没有认真负责等。

情景再现

客户：我可不想买保险，买保险时容易，理赔时可就难了。

保险销售员：您为什么会有这样的看法？难道您以前遇到过这样的事情？

客户：是啊，理赔要耗费很长时间。

保险销售员：哦，是这样啊。赔偿之前保险公司有调查、审核的工作流程，这个过程是需要一些时间的，只有厘清责任，才能按照合同进行赔付。

客户：既然是按照合同办事，为什么还有那么多合同纠纷呢？

保险销售员：这是因为合同双方当事人对责任认定有不同的意见，并非保险公司故意拒绝理赔。

客户：有些保险销售员在签订保险合同之前十分热情，但是到了理赔的时候又说客户没有看清条款，是不是有这样的情况？

保险销售员：您说的情况确实存在，一些素质不高的销售员，会误导客户做出投保决定。但是话说回来，如果投保人在签订合同之前看清合同条款，也能免掉不少纠纷和麻烦。

客户：保险合同的某些条款实在太专业了，想看都看不懂。

保险销售员：确实是这样。我和客户沟通的时候，通常会让客户把看不懂的地方都列出来，然后我一一进行解释，所以您可以放心，跟我签订合同，在理赔时不会那么烦琐。

客户：哦，那你介绍一下保险产品吧！

“投保容易理赔难”是很多投保客户的共同心声，之所以产生这种异议，有可能是客户之前有过这种遭遇，也有可能是听身边的朋友说过这种情况。无论是什么原因，保险销售员都该保持冷静的心态，从根本上分析具体原因，一步步消除客户的异议。

通常而言，客户产生这种异议的原因主要有三种，如下图所示：

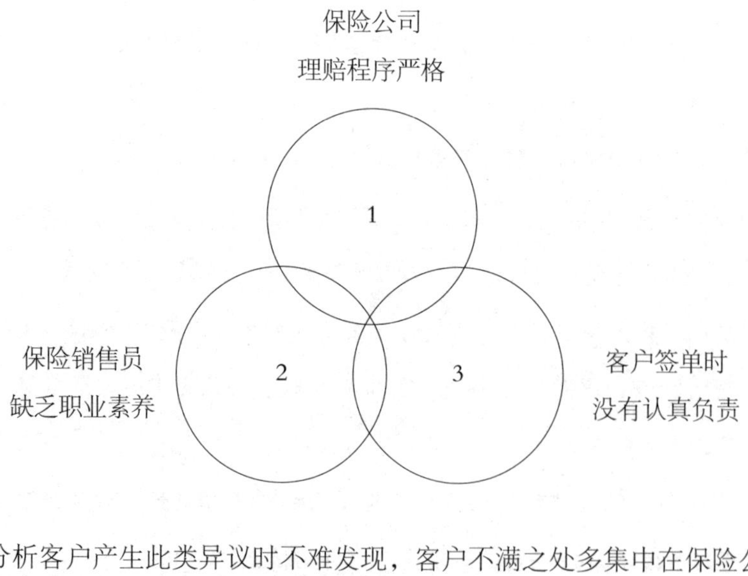

分析客户产生此类异议时不难发现，客户不满之处多集中在保险公司和保险销售员身上，但实际情况是，很多客户在签订合同时并没有仔细阅读和理解保险合同的相关条款，以至于在理赔时出现了一些纠纷。保险销售员与客户进行沟通时，万万不可只从自己和公司方面寻找原因，也要将客户身上

存在的问题一并讲出，并积极地告诉客户如何才能做一个理性的投保人。当客户发现销售员确实是在为自己考虑时，客户的戒备心理将会放松许多，这有利于销售员下一步的销售。

一般情况下，保险销售员可以从以下四个方面入手，提醒客户如何做一个理性、成熟的投保人。

（1）准备投保之前尽量熟悉险种、理赔和责任免除等各项合同条款，尽可能了解一些保险知识和法律知识。

（2）保持警惕心理，不要被某些职业素养较低的保险销售员蛊惑，不轻易相信某些明显超出常理的产品宣传。

（3）如实阐述个人情况，提交完整的投保材料，尤其是可能影响合同正常履行的资料，一定要提交给保险公司，以免给理赔带来不必要的麻烦。

（4）认真阅读保险合同的所有条款，弄清合同细节，并严格按照合同条款履行职责。

客户质疑保险理赔烦琐，大部分原因是保险实践中确实出现了很多合同纠纷。且不论产生纠纷的主要责任在保险公司还是客户，单就客户遭受意外时焦急而烦躁的心情来说，保险销售员也应该理解和体谅——客户购买保险，就是为了增加一份保障，发生意外时，自然希望保险公司能够以最快的速度进行理赔，及早地挽回自己的损失。一旦目标无法达成，难免会对保险公司产生怀疑。

明白了客户的这种心理，保险销售员便可以对症下药。告知客户保险理赔的流程及产生纠纷的原因，让客户认识到签订合同之前认真阅读合同条款的重要性，接着从客户的角度分析怎样才能做到理性投保，以减少出现纠纷的可能。客户能从保险销售员这里得到实实在在的利益和帮助，自然愿意和销售员进行更深入的交流。

销售精英如是说

我很长时间才意识到，最大的客户往往是那些与你唱对台戏的人。

——弗兰克·贝特格

销售案例

陈静女士在保险公司为她的父亲购买了一份保险。一年后，身强力壮的陈先生竟然患上了肝病。陈静陪同父亲在医院治疗了一段时间，在病情有所好转出院之后，陈静便电话联系保险公司进行理赔。

保险销售员先是表示慰问，然后向陈静详细地介绍了理赔需要准备的资料、证件等，并积极帮助陈静完成理赔。在这个过程中，保险销售员及时向陈静通报理赔进程。过了不久，保险公司完成了审核，做出赔偿结论。赔偿金下来之后，保险销售员及时将钱送到了陈静手中。陈静非常感激保险销售员，之后陆续给全家人都购买了保险。

案例分析

陈静的父亲不幸患病，家庭经济压力骤增，此时，保险销售员的积极理赔，不仅给这个不幸的家庭带来了经济保障，还给悲伤的家人带来些许安慰。

第八章

客户维护难做？高质量售后服务抓住客户的心

- ↘及时递送保单，让客户安心享受服务
- ↘履行承诺，理赔服务需要贴心、快速
- ↘做好回访，抓住老客户比开发新客户更重要
- ↘积极、高效地处理客户的抱怨
- ↘至诚关怀，给客户送去温暖

及时递送保单，让客户安心享受服务

问 给客户递送保单的过程中，保险销售员有哪些工作要做?

答 做好递送的准备工作、按时递送保单、重申保单条款、请求客户转介绍等。

情景再现

保险销售员：您好，张先生！您的正式保单已经生成了，您看什么时候给您送过去合适呢?

客户：这么快啊！我周末才有时间，你周六过来吧！

保险销售员：好，周六见！如果您还有什么疑问，咱们到时候再聊。

客户：好的，谢谢啊！递送得这么及时。

保险销售员：不客气！这是我的本职工作。

保险销售员把保险卖给客户以后，并不意味着销售工作的完结。给客户递送保单，是保险销售员的重要工作内容之一。递送保单是签单成功后保险销售员为客户提供的第一次服务，也是保险销售员赢得客户信任的关键之举。毕竟，客户在交纳了保费之后，只有将保单拿在手中，悬着的心才能放下来。

保险销售员在拿到保单之后，应该在第一时间通知客户，并在约定的时间将保单递送到客户手中，给客户吃下一颗“定心丸”。通常而言，递送保单需要经过以下流程，如下表所示。

做好递送前的准备工作	这项工作包括检核保单内容、资料整理归档、保险条款的解说准备、提供交费提示卡、电话约访客户等
按时递送保单	以在约定的时间把保单递送到客户手中并表达祝贺和感谢之意，让客户安心享受服务的同时，也感受到购买的保险物有所值
重申保单相关条款	这项工作有两个作用：一是让客户清楚地了解保单条款，明白自己的权利和义务；二是减少可能出现的纠纷
和客户一起检查保单	列出与保单相关的所有资料的清单，和客户一起检查保单资料的完整性和准确性，包括客户信息、保单号、保费、发票等
请客户签收保单	保险销售员请客户在回执单上亲笔签名，并告知客户如遇到问题可随时与自己联系
请客户评价服务	保险销售员借助服务评估问卷等工具，请客户对服务进行反馈，以便及时发现服务中存在的问题
请求客户进行转介绍	递送保单的同时，保险销售员可以请求客户转介绍，在客户认可其服务的情况下，客户会乐于满足销售员的请求
再次表达祝贺和谢意	递送保单的任务完成之后，保险销售员应再次向客户表达祝贺和谢意，不仅感谢客户购买保险，还要感谢客户给自己介绍新的客户

相关调查表明，计划周详且迅速地为客户递送保单，对于保单续保率非常重要。续保率高，就意味着保险销售员有提升业绩和收入的可能，也意味着销售员有了稳定的客户，有利于市场的持续扩展。

销售精英如是说

我们所做的每件事都是为客户服务的，服务是我们业务活动的主题。

——里奇·波特

销售案例

张蔷不久前与一位客户签订了保险合同，正式保单下来后，她立刻与客户取得了联系，约定了递送保单的时间。

到了约定的时间，张蔷赶到客户家里，毕恭毕敬地把保单交到客户手里。完成递送保单的一系列手续后，张蔷和客户聊起了家常。在聊天的过程中，她向客户提出请求："我有一件小事，不知道您愿不愿意帮忙？"

"什么事啊？说来听听。"

"是这样，如果您觉得我的工作做得还不错，这份保险也能给您带来切实的益处，能不能麻烦您向身边的朋友、同事介绍一下我，也好让我为他们服务。"

"这个没问题啊，这么好的产品和服务，我肯定要向朋友、同事推荐一下的。"客户爽快地答应了。

案例分析

递送保单的过程，并不是只能做递送保单这一件事，通过客户去转介绍，由此得到更多的潜在客户，这也是其中一项很重要的工作。张蔷充分利用了这一机会，得到了客户的支持和承诺，更多的保单正在向她招手。

履行承诺，理赔服务需要贴心、快速

问 在理赔过程中，保险销售员需要注意哪些细节？

答 尽快慰问、态度积极、勤于通报、及时赔款等。

情景再现

客户：赵敏，我是张彩霞，还记得我吗？

保险销售员：当然了，张姐，怎么会忘了您呢？有什么可以帮您的吗？

客户：前段时间我生病住院了，具体的理赔手续应该怎么办理？

保险销售员：啊？您生病了，现在身体好些了吗？

客户：好多了，谢谢关心！

保险销售员：理赔的事情您不用担心，我会积极为您办理的。不知道您今天有没有时间？我到您家，咱们见面再谈。

客户：今天下午有时间，你三点过来吧！

保险销售员：那好，下午三点见。

客户发生保险事故后，向保险公司报案和理赔是他们的必然选择。保险销售员得知客户出现意外需要理赔时，首先要真诚地表示关切，然后再及时地为客户进行理赔，只有贴心、快速地进行理赔，才能体现出高质量的服务水平，赢得客户的认可。

具体来说，在展开理赔服务时，以下四个细节是保险销售员应该多多关注的：

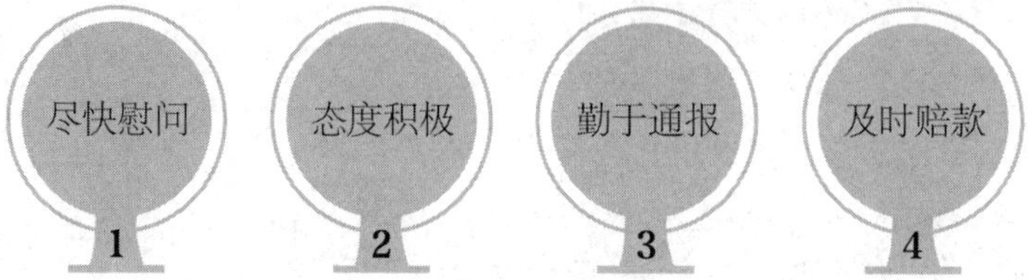

1. 尽快慰问

保险销售员得知客户的理赔请求后，应该尽快前去面见客户，进行探望和慰问。即便手上有工作，也应该及时放下，将慰问客户放在重要的位置。

2. 态度积极

客户提出理赔要求之后，保险销售员要积极协助客户准备理赔所需的证件，如医疗证明、身份证等，并及时地上报保险公司。

3. 勤于通报

在保险公司审核的过程中，有些客户会比较着急，保险销售员要及时把理赔的进展情况通报给客户，以减少不必要的疑虑。

4. 及时赔款

理赔款到位后，保险销售员应及时联系客户，并完成送交任务。如果客户提供的是银行账户，则应在转账后及时地提醒客户注意查收。

在保险实践中，很多客户购买保险看中的不仅是保险的保障作用，还有保险销售员的服务水平。毕竟，再好的保险保障，如果没有及时、有效的理赔，那么承诺也只是空头支票而已。所以说，很多优秀的保险销售员会在客户发生保险事故之后的第一时间出现在客户面前。他们知道，保险不是锦上添花，而是雪中送炭。如果能在客户最需要帮助的时候伸出援手，那么更容易赢得客户的信任和支持。

销售精英如是说

我相信推销活动真正的开始是在成交之后，而不是之前。

——乔·吉拉德

销售案例

周云是一位入职不久的保险销售员，她的一位客户遭遇车祸，导致手臂骨折。客户在第一时间给周云打电话报案，并告知周云自己所在的医院。

周云查找了一下客户所在的位置，发现和自己离得并不太远，于是立刻赶到医院，陪在客户身边，直到客户的家人从外地赶来，她才离开。

不久后，客户得到了保险公司支付的保险金，客户对周云的服务感到非常满意。

在这之后的三年时间里，周云从业务员一直做到了业务经理，成了业内的佼佼者。对于自己的成功，周云说："我不比别人聪明，也没有走任何捷径，我只是尽量在客户发生事故的第一时间赶到客户身边，为他提供必要的帮助而已。"

案例分析

事故发生后，客户往往会第一时间向保险销售员报案，不仅是为了理赔，也希望销售员能给予一些贴心的关怀。周云把客户放在首要位置，总是第一时间为客户提供必要的帮助，客户自然对她非常满意。

做好回访，抓住老客户比开发新客户更重要

问 回访老客户常见的方式有哪些?

答 电话回访、上门回访、信函回访等。

情景再现

保险销售员：您好，赵先生！我是××公司的保险销售员小孙。

客户：哦，你好！我买的保险不是还没到期？怎么还要向我推销？

保险销售员：不是的，您误会了。这次打扰您，是想了解一下您对保险或者对我有没有什么建议？

客户：都挺好的，上次分红很准时，分的钱也不少。

保险销售员：您满意就好，如果有什么建议还请您直接跟我说。

许多保险销售员都是销售高手，常常能用自己的三寸不烂之舌说服客户购买保险。但是，善于销售并不意味着续保率就高，一些不懂得做好回访工作的保险销售员，客户资源会不断流失，往往很难做出很大的业绩和成就。

在保险工作中，定期回访老客户是非常重要的内容之一，事实也已经证明这个工作对保险销售员拓展业务有很大的帮助。这是因为，保险销售员和客户熟识以后，会和客户之间产生比较浓厚的感情，销售员可以通过客户的

人脉资源结识更多的人，获得更多的销售机会。

在保险销售活动中，回访老客户的方式多种多样，比较常见的有电话回访、上门回访、信函回访等。

按照著名的汽车销售大王乔·吉拉德推崇的“250法则”，每个客户的身边平均有250个潜在客户。由此可见，对于任何一个保险销售员来说，所有的老客户都是一笔宝贵的财富和长期投资。为了获得再次合作的机会和得到更多的客户资源，保险销售员必须及时地回访老客户。进行回访时，有些技巧非常实用且有效，需要保险销售员学习和掌握，具体内容见下表。

技巧一	保险销售员可以时常联系并到已经投保的客户家里拜访，顺便带上一些公司的最新资料，争取赢得回头客
技巧二	保险销售员可以到已经投保的客户的办公室等公共场合去拜访，借此机会结识更多的客户，编织自己的人脉关系网
技巧三	保险销售员回访客户的时候，不可表现过强的目的性，也不能占据客户过多的时间

众所周知，“回访路上有黄金”，所以保险销售员应该把老客户的回访工作放在重要位置，这也是客户服务工作中的一项重要内容。回访工作能够降低客户的投诉率，拉近销售员与客户之间的距离，加深彼此之间的感情，提升客户的满意度，获得更多的订单，赢得更加广泛的销售市场。

销售精英如是说

我的服务理念就是做客户的朋友，在保险业以服务代替销售。

——陈明莉

销售案例

从1979年开始，柴田和子连续14年获得日本销售冠军，她的成功秘诀就是回访工作做得好。

柴田和子有拜访老客户的习惯，而且每次到客户的公司去，都会顺便买上几盒寿司。到了公司，她会热情地和见到的每个人打招呼，随后再说明来意，公司的员工亲眼见到、亲身体会到柴田和子的优质服务，往往都愿意从她那里购买保险。

案例分析

柴田和子总是将老客户放在自己心里，平时也会花费一些时间和精力去拜访老客户，这使得客户的忠诚度不断提高，当他们想买保险的时候，首先想到的就是柴田和子。这种维护方式，能够以最小的成本得到更多的客户。

积极、高效地处理客户的抱怨

问 客户产生抱怨的原因有哪些？

答 保险产品和客户的预期有一定的差距、客户对保险销售员提供的服务有所不满等。

情景再现

客户：小王，我的发票怎么还没到？这都多少天了？是不是卖完保险就不管了？这以后理赔的时候我还能指望你吗？

保险销售员：孙先生，实在抱歉！由于我的疏忽给您带来了烦恼。是这样的，公司的发票一般会在您缴费之后的15个工作日内寄出。

客户：是这样？

保险销售员：是的。我刚刚帮您查了一下，您的发票应该在下周二之前送到您家，如果到那时还没到，您再跟我联系。您看行吗？

客户：好，谢谢你！

保单签订后，客户对后续服务会抱有一定的期待，当服务水平和他们的想象有所差距时，他们就会产生不满的情绪，甚至怀疑保险销售员卖出保险之后便对自己不闻不问了。客户的这种抱怨十分普遍，在售后服务的各个环节都有可能出现。但是无论是哪种原因造成了这种情况，最根本的原因都是客户的某些需求没有得到满足。面对这种情况，保险销售员应该展现自己积极的一面，以真诚的态度去化解客户的抱怨，改变客户的态度。

保险销售员要想高效地处理客户的抱怨，首先要追根溯源，了解客户产生抱怨的根本原因。只有找到了源头，才能有的放矢地提出解决方案。通常来说，引起客户抱怨的原因有四个，如下图所示。

- 保险产品和客户的预期有一定的差距
- 客户对保险销售员提供的服务有所不满
- 保险销售员在介绍产品时表述和解释都不够清楚
- 保险销售员对产品不够了解，无法解答客户提出的问题

在处理抱怨的过程中，不仅要了解客户产生抱怨的真正原因，还要遵循四个重要原则，如下图所示。

- 树立正确的服务理念，绝对不能和客户发生争执
- 先安抚客户的情绪，再处理客户抱怨的问题
- 处理抱怨要及时，按部就班地及时向公司反映具体情况
- 把客户的抱怨记录在案，便于以后进行分析

引起客户抱怨的原因和处理抱怨的原则，看起来非常简单，但是在实际操作中，很多保险销售员并不能很好地掌握其中的真谛。在具体处理中，保险销售员首先要认真聆听客户的倾诉，真诚地表示歉意；了解客户抱怨的原因后，再进行理性的分析，从中找到解决的方案或办法；在处理结果出现以后，要及时地知会客户，并主动询问客户对结果是否满意。如果客户不满意，就重新给出解决方案，直到客户感觉满意为止。

销售精英如是说

记住：一小时的工作，胜过一天的梦想。

——玫琳凯

销售案例

原一平发现自己身上存在很多缺点以后，决定塑造一个全新的自己。他先是自己深刻反省，然后召集很多客户，每星期开一次“原一平批评会”。

在会上，客户们指出了原一平的很多缺点，原一平虚心接受并认真记录下来，在日常生活和工作中时刻注意改正。

在长达数年的时间里，“原一平批评会”从来没有中断过。通过批评会，原一平改正了自己的缺点，也逐渐赢得了客户的信任。

案例分析

保险销售员不仅要善于发现自己的不足，还要虚心接受客户的批评。与其让客户大发雷霆地表示不满，倒不如主动向客户请教，不仅处理了抱怨，还了解了客户的心声，为赢得客户的信任奠定了基础。

至诚关怀，给客户送去温暖

问 关怀客户的方式，通常有哪几种?

答 说些体贴的话、做些细小的事、分享些有价值的信息等。

情景再现

保险销售员：您好，张先生！前段时间您报案说您父亲生病了，现在他的身体怎么样?

客户：好多了。谢谢关心啊！

保险销售员：知道您父亲生病之后，我从一位老中医那里找了个方子，对身体恢复和调理很有帮助。您什么时候有空？我好给您送过去。

客户：真是太感谢了！想得这么周到。

保险销售员：您不用客气，这是我应该做的。您父亲的身体健康最重要，以后有什么需要您随时可以找我。

从本质上说，保险是一种商品。客户愿意出钱购买，自然希望从中得到相应的益处和价值。保险的价值不仅体现在它的保障作用上，还体现在保险销售员能给客户带来的温暖上。销售员能对客户多一些关怀，就能多赢得一些客户的认可和信任。

中国有句古话：“精诚所至，金石为开。”保险销售员如果能怀着至诚对客户表示关怀，想客户之所想，急客户之所急，客户自然会被感动，给予销售员更多的收益。

签单成功之后，关心客户是保险销售员的重要工作内容之一。通过表达自己的关怀之意，不仅能够赢得客户的信任，还会促使客户为销售员推荐更多的潜在客户，这对销售员的销售工作将有很大的助益。当然，保险销售员一定要掌握好关怀的分寸，切忌对客户的私事过分关心，以免触碰客户的隐私，引起客户的反感。

通常来说，保险销售员可以通过下表中的三种方式来表现对客户的关怀之情：

说一句体贴的话语	站在客户的角度上，说一句最能触动客户内心的话语，让客户知道保险销售员是感同身受的
做一件细小的事情	平时多和客户联系，通过一件件小事来表达关怀之情，在客户需要时及时出手相帮
分享一些有用的信息	注意搜集一些和客户切身相关的信息、资料等，当客户在工作、生活中遇到难题时，会想到保险销售员的好

在保险售后服务中，能提升客户满意度的并不是一般保险销售员都会做的事情，而是一些超出保险销售员职责范围、超乎客户期望的关怀和服务的事。对于保险销售员来说，给客户一些期望之外的关怀和服务，并不需要付出很大的努力和代价，但是只要销售员能够做到，往往能够得到数倍于付出的回报。

通过关怀客户，不仅能够赢得客户的忠诚，还能提升业绩、扩展人脉，可谓一举多得。所以说，保险销售员一定要真心实意且持续不断地给客户送去人情之暖，只有这样，客户群才会越变越大，保险销售之路才能越走越宽。

销售精英如是说

当你和客户的谈话已经达到老朋友的状态时，相当于是作为朋友的你给对方提出建议，推销就有了90%的成功希望。

——博恩·崔西

销售案例

陈明莉是新加坡的保险销售冠军，在业内可谓声名显赫。

一天，陈明莉的一个客户生病住院了，她知道后，立刻买了药材、补品等给客户送去，以示关怀。她的这个举动深深感动了客户，于是客户立即表示要增加保额。而且，与客户同病房的病友也受到了感染，出院不久之后便与陈明莉洽谈购买了大额保险。

不仅如此，陈明莉的客户还为她带来了丰富的客户资源，陈明莉的销售工作变得轻松了许多。

案例分析

投桃报李，礼尚往来，这都是人之常情。保险销售员对客户表现出至诚的关怀，客户也会因信任而推荐更多的客户给销售员。

高端进阶篇

第九章

各个击破——不同客户要有不同的销售策略

- ↘ 干脆利落型客户：简单、合理地进行交谈
- ↘ 将信将疑型客户：底气十足地传递产品信息
- ↘ 主观型客户：循序渐进做引导
- ↘ 数字敏感型客户：给对方算上一笔账
- ↘ 犹豫不决型客户：向对方强调产品带来的利益

干脆利落型客户：简单、合理地进行交谈

问 如何通过卖点吸引客户?

答 有效地说明卖点，突出卖点和优势，弱化产品的劣势。

有些客户性格直率，做什么事情都喜欢干脆利落，讨厌拖泥带水。面对这样的客户，如果保险销售员想从长计议，循序渐进地和他们交谈，那就是自讨苦吃。既然这类客户喜欢直入主题、简单明了，保险销售员倒不如言简意赅地说明理由，然后给客户留出时间，让他们自己决定要不要购买。

可惜的是，很多保险销售员并没有意识到这一点，而是以为死缠烂打的方式能够奏效。结果呢，这种方式让客户倍感厌烦，对保险销售员也充满了反感甚至敌意。

虽然保险产品的特点是抽象、复杂、专业性较强等，但是并不意味着非要长篇大论才能讲得清楚。保险销售员应该根据此类客户的特点，灵活展开工作，尽量以简单、合理的方式介绍自己推销的产品。

通常来说，保险销售员应该从以下三个方面入手。

1. 将产品形象化、生动化

大量事实证明，形象化、生动化的产品对客户更有吸引力。具体到保险产品上，保险销售员需要着力渲染风险的随机性、危害性及保险的保障作用、价值及意义。

2. 采取“望、闻、问、切”的技巧

“望、闻、问、切”是中医诊治中常用的手法，保险销售员可以在工作中加以借鉴。具体来说，它们在保险销售工作中代表的含义如下表所示。

望	观察客户，初步识别客户的层次、需求等
闻	听客户叙述，客户表达越多，销售员能够挖掘的信息越多
问	询问客户，了解客户最真实的需求，以便提供恰当的保险计划
切	实地考察客户的状况，确定客户的情况与其表述相符

3. 重点突出产品的卖点

保险产品的卖点是它最突出的特点，也是吸引客户的关键所在。通过有效的手段说明产品的卖点，才有可能把保险产品销售出去，具体内容如下表所示。

有效说明卖点	从客户的需求和关注重点入手，客户会更感兴趣
突出卖点和优势	强化产品的卖点和优势，更有吸引力和说服力
弱化产品的劣势	每款保险产品都有不足，对客户不满意的部分做弱化处理

在保险销售中，简单、合理的产品介绍能让干脆利落型的客户在最短的时间内对保险的性质、特点等产生初步的认识，让客户在险种和自己的需求之间做出基本的选择。这种方式既节约了客户的时间，又满足了客户被尊重的需求，反映出保险销售员对客户认真负责的态度，让销售员更容易赢得客户的信任，对保单的签订具有促进作用。

销售精英如是说

不管我认不认识，当我的眼睛一接触到人时，我会让我自己先对对方微笑。

——原一平

销售案例

有一次，弗兰克·贝特格去拜访钟尼斯先生。说明来意之后，钟尼斯直接告诉贝特格他已经买过三份寿险了。

听到这个消息，贝特格并没有沮丧，而是平静地问钟尼斯：“您投保的是哪家保险公司？”

“纽约人寿保险公司、天佑保险公司和大都会保险公司。”钟尼斯回答。

“您的眼光真不错！这几家都是保险业一流的保险公司啊！”贝特格诚恳地说。

在这之后，贝特格向钟尼斯详细地介绍了这几家大保险公司具有的优势，并把自己所在的公司和这几家公司进行了客观的比对。

案例分析

有时候，一些客户会很直爽地把自己的投保情况、对保险的态度等告知保险销售员，表现得非常干脆利落。面对这种类型的客户，销售员也要尽量做到简洁、直接，这样才能配合客户的交流方式，为自己赢得继续沟通的机会。

将信将疑型客户：底气十足地传递产品信息

问 保险销售员如何给客户带来强烈的信任感?

答 充满信心、实事求是地介绍产品，突出产品优势及公司实力，等等。

在很多人的印象中，保险销售员都是“大忽悠”，如果轻易相信可能会被蒙骗。所以，人们往往对保险销售员说的话将信将疑，不置可否。

面对怀疑自己的客户，一些保险销售员会表现得无所适从，还有一些保险销售员会针锋相对地否定客户的意见。实际上，这两种表现都是不对的。

从积极的方面来想的话，客户有所怀疑，恰恰说明他认真听了，并产生了一些思考，如果客户抱着“与我何干”的态度对待保险销售员，他完全没有必要提出质疑。可以说，那些提出质疑的客户，更有可能签下订单。

面对客户的质疑，保险销售员无须感到紧张，而应该信心十足地向客户介绍产品。要知道，越是自信的人，人格魅力就越大，客户更愿意把信任票投给这样的销售员。

在实际工作中，保险销售员应该不断地增强信心，给客户带来更强烈的信任感。

1. 充满信心地介绍产品

自信是保险销售员应该具备的基本素质，也是展现人格魅力的重要途径。自信心越强的销售员，越能给客户带来信赖感。对于销售员来说，自信的源泉有四个，如下图所示。

1 对产品100%了解，100%热爱，相信自己的产品是最好的

2 对客户可能提出的所有拒绝都有所准备，做到胸有成竹

3 确信自己的产品或服务是客户最佳、最恰当的选择

4 将销售过程中可能用到的所有产品都准备好，确保有备无患

2. 实事求是地介绍产品

介绍产品时，做到有一说一，有二说二，根据客户的需求，将产品的真实情况呈现在客户面前，让客户信赖推荐，从而下定决心购买产品。

3. 突出产品优势及公司实力

介绍保险产品时，让客户看到产品的独特优势及公司的实力，是增强产品说服力的有效手段之一。有实力强大的公司做后盾，销售员也会更加有底气说服客户购买产品。

许多保险销售事例已经证明，保险销售业绩比较好的销售员往往是那些能够给客户带来较强信任感的人。信任感强的人，即便没有良好的口才，也能事半功倍；信任感不强的人，即便巧舌如簧，也可能事倍功半。这是因为，信任感强的销售员往往通过人格魅力赢得客户，即便不说很多的话，也能很轻松地完成销售。而且，他会利用节省下来的沟通时间，去开发更多的客户，占据更大的市场。

销售精英如是说

要赢得客户的信赖，就必须表现出值得信赖的行为。

——里奇·波特

销售案例

有一次，乔·坎多尔弗去拜访一位工厂老板。

进了老板的办公室后，坎多尔弗把自己的名片递了过去，说：“首先，我觉得您应该知道我的背景。从我的名片上您可以看到，我是百万圆桌协会的终身会员，这是寿险界的最高荣誉，全世界有那么多寿险销售员，具有终身会员资格的，不过几千人而已。”

老板听完，认真地点了点头。

“我名片上印的NQA，表明所有与我合作的客户中，有超过90%的人至今依然与我合作。这说明我喜欢长远的合作关系，所以我会与准客户保持密切的联系，并时刻留意他们的状况。”坎多尔弗接着说。

“那CLU是什么意思呢？”

“那表示我持有人寿保险从业员的资格证。”

坎多尔弗一开始就把自己的身份、资质等展现在工厂老板面前，赢得了他的信任，最终拿下了一份高额保单。

案例分析

一般情况下，信心十足的保险销售员能给客户带来更大的冲击力和说服力。坎多尔弗从自己崇高的身份和地位入手，让客户看到了自己的实力和竞争力，由此说服了客户，赢得了保单。

主观型客户：循序渐进做引导

问 保险心理包含哪些内容?

答 认知心理、情感趋向、决策心理等。

相信很多保险销售员都遇到过主观型的客户，他们往往觉得，他们认为是怎样的，事情就该是怎样的，而很少考虑客观因素、条件等。

这种类型的客户一般执着于自己的观点，且不会轻易改变。保险销售员想要说服他们，最好不要以专家的口吻进行说教，或是尝试直接改变他们的想法。因为这种客户会主观地认为保险销售员是想掌控他们的思想，由此会对销售员产生更多的厌恶和反感。对这种类型的客户，最好的方法就是循序渐进地引导。

从很多销售事例中不难发现，保险销售员之所以能够完成签单，最主要的原因就是抓住了客户的需求。向客户推销超出其经济承受能力的保险产品，或是价格虽低却无法满足客户需求的保险产品，注定都将面临失败，甚至会推动客户更快地投入竞争对手的怀抱。

保险销售员要有一双“火眼金睛”，去发现乃至挖掘客户的真实需求。而后通过合理的引导和推动，促使客户发现自己的需求并主动购买保险，甚至是帮助家人购买保险，那么签单的成功率将会大大提高。也就是说，保险销售员只有抓住客户的真实需求和保险心理，才能为客户推荐恰当的保险产品，进而给客户带来切实的保障和利益。

面对主观型的客户，太过直接的说服是起不到任何作用的。只有先研究透他们的保险心理，才能做到有的放矢。所谓保险心理，其实就是客户对保险的反应和态度，其中包括认知心理、情感趋向、决策心理等。比如，面对同样的保险宣传单，有的人很快就决定购买保险，有的人却对此产生了排斥心理，连了解都不想了解。

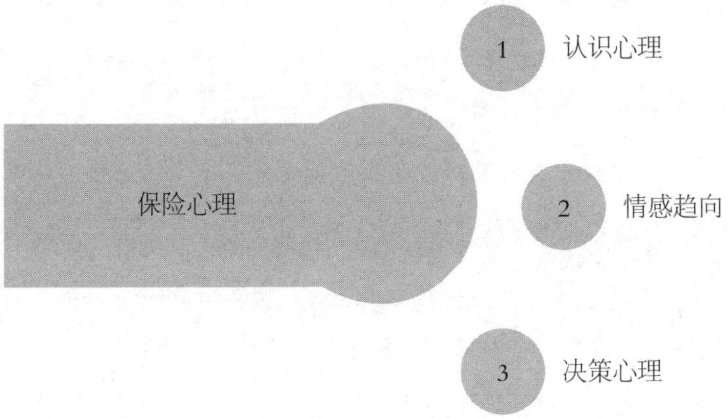

不过，尽管人们的心理状态各不相同，但其中也存在一定的共性。所以说，建议保险销售员把握保险心理的规律，因为这不仅有利于展开有效的宣传，还能促使人们对保险产生更加科学的认知。

销售精英如是说

在遇到困难或处于困境时，如果能用坚定、乐观的态度来对待，就可以从中获益。

——克莱门特·斯通

销售案例

原一平准备去拜访一位客户，之前已经了解到他是一个脾气暴躁的人。

见面之后果真如此，原一平刚刚介绍完自己，对方就表现出极度厌烦的神情，说："我不需要投保，一直以来都很讨厌保险。"

"您为什么讨厌保险，能告诉我原因吗？"原一平微笑着问。

"讨厌是不需要理由的！"客户提高了音调，显得非常不耐烦。

"听朋友说您在这个行业做得很成功，真是太羡慕您了。如果能在保险行业做得像您一样，那真是一件值得高兴的事。"原一平依然满面笑容。

"我一向是很讨厌保险推销员的，因为有些推销员态度冰冷，完全不顾及我的感受。像你这样一直面带微笑的推销员还真是不多。好吧，你跟我说说你的保险吧。"客户的态度终于缓和了一些。

原一平这才发现，客户讨厌的并不是保险，而是某些保险推销员。俩人进行了愉快的沟通，客户最终在保单上签下了自己的名字。

案例分析

有时候，由于某些保险推销员给客户留下了不好的印象，所以客户便对所有的推销员心存芥蒂。面对存有主观印象的客户，原一平耐心地进行引导，让客户说出了心里的真实想法，从而有的放矢地完成了销售。

数字敏感型客户：给对方算上一笔账

问 使用数据进行说服时，保险销售员需要注意些什么?

答 将数据摆在客户面前并使用最新的数据。

在保险销售中很容易发现，有一类客户对数字十分敏感，一旦听到或看到数字，他们往往会表现出极大的热情。销售人员要想了解这类客户的心理预期，甚至是说服他们，最好的办法就是给他们算上一笔账。但是，这笔账应该怎么算，才能达到最佳的效果？这是一门深奥的学问。

有时候，即便保险销售员长篇大论地说明保险产品的特点，向客户介绍产品的独特优势，可是数字敏感型的客户并没有什么反馈。这就说明，并不是销售员不够积极和努力，而是因为用错了方法，所以做了很多无用功。对这种类型的客户，最好的说服方法就是为他们计算利益得失，通过直观的数字来展现产品的特点和优势。

在使用数据说明保险产品的特点和优势时，保险销售员要根据不同的险种采取不同的计算方法，而且要尽量使用准确的数据，以提高数据的说服力。

使用数据进行说服，比较有利的时机是客户对产品的获利情况提出质疑时。当客户有所怀疑时，用精确的数据将客户的获利情况展现在他的面前，这种说服力是最强的，说服效果是最好的。

当然，借助数据说服的方法也不是什么时候都能用的，在使用时也要注意掌握好分寸。毕竟，大部分客户对保险的了解程度不深，过多的数据堆砌在一起，会让客户难以理清头绪，由此对保险产品失去兴趣。那么，保险销售员怎么做才比较稳妥和有效呢？

1. 将数据摆在客户面前

当客户对保费提出质疑时，保险销售员可以用拆分计算的方法，把每天的保费都细化出来；当客户对保额提出质疑时，保险销售员可以利用保费和保额之间的差价向客户做出说明。简单而详细的数据，能让客户一目了然地搞清楚自己能从保险中得到怎样的保障和利益，进而迅速做出决定。

2. 使用最新的数据

保险销售员尝试说服客户时，应该使用精准的数据，而且要确保数据来源的真实性和可靠性，这样的说服才无懈可击。除此之外，数据的及时更新也非常重要，最好使用最新的数据来吸引和说服客户。还有一点需要注意的是，不要使用复杂的数据，因为这些数据可能会让客户越看越糊涂。

总而言之，在说服数字敏感型客户的过程中，数字占据非常重要的位置，也将发挥巨大的作用。想让数据更有说服力，不仅要确保数字的准确性和真实性，还要尽量简化数据，让客户更容易理解和接受。

销售精英如是说

推销能否成功，取决于推销员，而不是客户。

——克莱门特·斯通

销售案例

柴田和子的一位客户打算每月花费2万日元进行投保。柴田和子边计算边对客户说：“每个月交纳2万日元，一年就要交纳24万日元。如果您能将月交改为年交，就能省下一个月的保费。”

“要是那样，我一年只交22万日元就行了。”客户想。

还没等客户说话，柴田和子又说：“既然您之前就有一年交纳24万元保费的打算，还不如把之前3000万日元的保额合同增加到3500万日元。按照年交计算的话，也是一年24万日元。如果真的发生什么意外，您将获得高达7000万日元赔偿呢！这可比3000万日元的保额高出很多！”

客户听了她的话，觉得很有道理。反正都是每年交纳24万日元的保费，何不选择赔偿金高的呢？

案例分析

白纸黑字的精确数据，往往具有很强的说服性。柴田和子为客户算的这笔账，给客户带来了强烈的震撼感。面对无可辩驳的“证据”，客户常常会被说服。

犹豫不决型客户：向对方强调产品带来的利益

问 客户购买保险，就是购买产品本身吗?

答 客户购买的是产品背后的保障、利益、服务等。

对于任何一个人来说，买保险都不是一件小事，所以客户犹豫不决是完全可以理解的。但是，如果客户一直犹豫不决，始终下不了签单的决心，保险销售员就要在适当的时候推着客户往前走一步，尽快完成签单，以免夜长梦多。

面对这种类型的客户时，最好的办法就是适当而得体地向客户强调一下产品能够带来的好处，以利益打动客户的心。

客户之所以购买保险，无非是为了得到某种保障或利益。如果保险销售员善于强调产品能够给客户带来的利益，且利益能够深深打动客户，那么销售就能轻松达成。

虽说在短时间内引起客户的注意和兴趣有一定的难度，但是只要掌握了一定的方式和方法，说服也并非想象的那么困难。通常来说，需要注意的有三点，如下图所示。

保险产品能够带来的利益一定要符合实际，不能随意压大

保险产品能够带来的利益一定要可以证明，真凭实据才能说服客户，赢得客户信任

陈述保险产品能够带来的利益时，要做到清晰简介、一语中的

很多保险销售员认为，卖保险就是卖产品。实际上，这种认识是不全面的。客户购买的不单单是产品，他们最关心的，是产品或服务能够给他们带来哪些切实的利益。如果保险销售员无法清晰地阐述产品能给客户带来怎样的利益或好处，或是能够帮助客户解决怎样的问题，那么产品就很难引起客户的关注。

所以说，保险销售员一定要告诉客户自己的产品对他的工作、生活等都有哪些益处。无论销售的是哪种保险，都要清晰地传递出一个信息：买比不买要有益很多。当犹豫不决的客户确实意识到保险对他的工作和生活有很多益处时，便会尽快选择购买，最终完成签单。

销售精英如是说

我学到一个首要原则，就是站在客户的立场设想。

——里奇·波特

销售案例

张阳最近接触了一个客户，他对张阳提出的保险计划非常认同，也有能力支付保费，可是到最终做出决定的时候，却有些犹豫不决。

张阳知道，客户已经动心，只要再推动一下就能签订保单。于是，张阳对客户说："先生，这份保险计划在交费期内有充足的意外事故保障金，期满后您又能得到一笔不菲的养老金，还有，如果您现在投保，还能做免费体检……"

"这是真的吗？"

"当然了，我怎么可能欺骗您呢？"

"那好，我买一份，反正早晚都得买。"

案例分析

客户犹豫不决，往往是因为不确定能从保险中得到怎样的利益，如果保险销售员能够再次重申保险能给客户带来的好处，销售往往就能成功。张阳通过介绍保险能带来的利益，增加了客户的购买信心，最终签订了保单。

第十章

善用资源——大客户开发是个系统工程

- 20%的客户产生80%的保单
- 为高端客户提供一个资产保全的投资工具
- 锁定大客户群体，有效整合现有资源
- 不错过任何一个接触大客户的机会
- 突破大保单，掌握三个关键点

20% 的客户产生 80% 的保单

问 保险销售员应该如何利用“二八定律”？

答 在20%的高端客户身上，花费80%的时间和精力。

19世纪末，意大利著名经济学家维弗雷多·帕累托在调查中发现，大部分的财富都流入了少数人的手中，这种趋势在全世界都普遍存在，而且在数学上呈现出一种相对稳定的关系。于是，他在经过认真调查和掌握了大量数据后得出结论：社会上20%的人占有80%的社会财富。这就是我们熟悉的“二八定律”的由来。

后来，人们发现，社会上很多事物的发展趋势都符合这一定律。比如，一个企业中往往是20%的人完成80%的工作任务，一家公司20%的客户就能贡献80%的利润，等等。

具体到保险销售上，那就是20%的客户就能产生80%的保单。比如，一个保险销售员全年的客户数量是10个，保单的总金额是100万元，那么按照“二八定律”，其中的两个客户就贡献了大约80万元的保额，剩余的8个客户，只贡献了20万元左右的保额。这个数据在销售行业是经过验证的，真实性毋庸置疑。对于保险销售员来说，这两个贡献了80万元保额的客户，就是自己的高端客户，在他们身上需要花费更多的时间和精力，只要维护好他们，那么业绩就有了80%的保障。

但是在实际工作中，一些保险销售员尽管知道“二八定律”，却不能很好地加以应用。由于大客户往往要事缠身，所以很难抽出时间来会见保险销售员，即便答应会见，交谈的时间也十分短暂，保险销售员在几次受挫之后，往往会产生畏难心理，选择放弃能够带来80%保单的大客户，而去和只能贡献20%保额的客户进行沟通。殊不知，虽然这80%的客户容易接触、时间充裕，可是他们的购买能力有限，保险销售员是把大量的时间都用在了无法出产保单的地方。

所以说，掌握“二八定律”对保险销售员来说十分重要，如果能够巧妙加以利用的话，销售工作将会事半功倍，销售效率也会有极大的提升。将80%的时间和精力用在20%的高端客户身上，是根据经验总结出来的一条销售捷径，每个保险销售员都该认真学习和掌握。

销售精英如是说

生意兴隆、客户源源不绝的秘诀，就是经常跟重要的人做有意义的沟通。

——杰·亚伯拉罕

销售案例

一天，弗兰克·贝特格接到了园林设计建筑公司总裁亚瑟·埃姆林的电话，说是有要事相商，请他到公司去一趟。埃姆林准备为公司员工买保险，贝特格便和很多竞争者一起提交了保险计划。贝特格想：应该是最终结果出炉了。

贝特格兴冲冲地赶到园林设计建筑公司，结果却被告知另外一家公司的计划被采纳了。贝特格询问其中的原因，对方给出的答案是另一家公司的保险计划与贝特格的相差无几，可是价格低了很多。

贝特格不相信还有别的公司比自己的报价更低，于是请求看一下那家公司的计划书。结果发现，那份计划书明显夸大了投保人的收益。他给那家公司打电话，用事实证明那家公司确实对数据进行了夸大。最终，贝特格得到了这份大额的保险合同。

案例分析

对于保险销售员来说，一份大额合同是可遇而不可求的，当发现潜在的大客户时，一定要牢牢抓住，不能轻易放弃。弗兰克·贝特格靠着自信、坚持和专业知识，为自己赢得了大额保单。

为高端客户提供一个资产保全的投资工具

问 与高端客户打交道，保险销售员应该注重什么?

答 积累知识、和客户谈创业经历、向客户请教等。

一般情况下，高端客户都是资金充足、地位崇高的。他们的崇高地位并不是用财富买来的，而是靠自己的辛勤奋斗赢来的。因为积累财富的过程需要付出多于常人的辛勤和汗水，高端客户的这种拼搏精神，值得人们尊重和学习。

积累财富的过程中，每一分钱都需要辛辛苦苦的打拼。财富越多，意味着需要付出的越多。对于高端客户来说，他们手中的财富不仅仅是一串天文数字，更是自己拼搏人生的最好见证。他们经历过常人未曾经历的苦难，所以对来之不易的财富也会更为珍惜。抓住了高端客户的这一心理，保险销售员便可以从“为高端客户提供资金保全工具”的角度推销自己的产品。

向高端客户推销保险时，保险销售员应该保持足够的尊重，但是也不能表现得过于谦卑。因为过分谦卑的人，难免给人唯唯诺诺的感觉。一旦给高端客户留下这种不好的印象，那么就很难把销售进行下去。

与高端客户打交道的时候，保险销售员应该注重三点，如下图所示。

1 积累知识

多积累一些知识，多学习一些社会经验，才能从容应对形形色色、各行各业的客户

2 谈创业经

对自己的创业经，高端客户往往是非常自豪的。谈谈客户的创业经历，时不时赞美几句，客户将会非常受用

3 向客户请教

谈及客户感兴趣的话题时，不妨认真地向客户请教，以此表现对客户的尊重和重视

一般而言，人们得不到某些东西时会伤心难过，但是更让人难受的是得到期待中的东西之后又要失去。对于财富，人们的这种心理会更加明显。高端客户拥有比一般人更多的财富，所以他们也会更加担心失去财富。保险销售员可以抓住这一点，把销售重点放在“财产保全”上，向高端客户强调保险计划对他们的财富会有强大的保护作用，从而打动客户。

销售精英如是说

只要你帮助别人实现梦想，你就能够让自己美梦成真。

——金克拉

销售案例

陈明莉之所以能成为新加坡保险销售冠军，是因为她有很多大客户。

有一次，陈明莉为一位成功的生意人推荐了一款储蓄型保险。但是，客户对此似乎并不满意，陷入了沉思之中。

见此情况，陈明莉急忙解释道：“您拥有这么多的财富，其实买不买保险

没什么差别。给您推荐这款储蓄型保险，就是希望您把它当成储蓄看待，等于是将您的钱转到另外一个账户上。而且，购买保险得到的利润比存在银行吃利息多多了，还能有一个保障，何乐而不为呢？”

“说得也对啊。既然如此，那……好吧！”客户果真点头买下了这份保险。

案例分析

对于拥有巨额财富的高端客户来说，重病、车损之类的风险都可以忽略不计，他们关注的，通常是如何保护自己的财富。陈明莉抓住客户的这一心理，为客户推荐储蓄型保险，可谓直击要害。

锁定大客户群体，有效整合现有资源

问 需要收集的大客户信息包括哪些?

答 个人信息、家庭信息、经济信息、保险信息等。

顶级保险销售员和普通保险销售员在业绩方面之所以有较大的差别，原因就在于前者拥有很多大客户，这些大客户虽然只占客户群体的一小部分，但是客户全部保额的绝大部分都是由他们贡献的。对于保险销售员来说，正确区分大客户和一般客户，是一项十分重要的工作。

通常来说，锁定大客户群体需要经过以下三大步骤。

1. 将所有客户进行分类

一般来说，常见的客户类型有四种，如下表所示。

大客户	保险销售员和保险公司都需要的客户，能带来较高的回报
重点开发客户	有很大挖掘潜力的客户，一旦开发成功，很快能见到回报
维持关系客户	购买潜力无法大幅提升的客户，需要维持但不需要投入太多的时间和精力
机会主义客户	在恰当的时机才能发展为投保者的客户

2. 收集大客户的相关资料

在推销保险之前，需要对客户的基本情况有所了解，收集的信息有如下几种。

个人信息	包括客户的年龄、工作、爱好、身体状况等
家庭信息	包括客户的家庭成员、家庭成员的身体状况等
经济信息	包括客户的收入、负债、贷款等
保险信息	包括客户是否购买保险、购买的险种等
其他信息	包括客户的朋友、产业等

3. 筛选出回报率较高的大客户

找到大客户群体之后，并不是所有的潜在大客户都能成为真正的客户，需要经过筛选，才能最终锁定大客户群体。筛选的标准如下表所示：

确实有保险需求	对保险有真实需求的大客户，更容易推销成功
回报率较高	付出较少的时间和精力，就能得到较高回报的客户，可以优先考虑
身处优质客户圈	开发一个客户，就能带来大批优质客户
具有领导力	对身边的人有较大的影响力，能带动身边的人参与投保

大客户的开发是一项艰苦的工作，并不是所有人都能做好。但是，这是一道必须迈过去的坎，只有成功跨出这一步，才能真正在保险行业站稳脚跟，乃至于成为顶级的保险销售员。

销售精英如是说

你只要赶走一个客户，就等于赶走了潜在的250个客户。

——乔·吉拉德

销售案例

齐藤竹之助刚做保险推销员不久，便计划向五十铃汽车公司推销企业保险。但是，该公司一向反对交纳企业保险金，无论哪个推销员去推销，都会被无情地拒绝。

齐藤竹之助并没有被吓倒，他把总务部长作为突破口。但是，总务部长并不给他会面的机会。坚持拜访了两个月之后，总务部长终于同意见他一面。然而，齐藤竹之助刚把准备好的保险计划说完一遍，总务部长便打断了他。这次会面只能草草收场。

回家后，齐藤竹之助重新设计保险计划，准备再次向总务部长推销。不出意外，他再一次遭到拒绝。齐藤竹之助没有气馁，在接下来的三年时间里，他差不多往五十铃汽车公司跑了300次，最终拿下保单，赢得了一个大客户。

案例分析

如果一家公司没有购买保险的制度和习惯，保险销售员往往会被无情地拒绝，毕竟要改变一家公司的文化，是非常困难的。齐藤竹之助没有被困难吓倒，在不懈坚持之下，终于实现了盼望已久的销售。

不错过任何一个接触大客户的机会

问 "保险生活化，生活保险化"是什么意思?

答 在生活中，随处都有销售保险的机会，保险销售员应该时时注意观察。

对于保险销售员来说，身边的每个人都有可能成为自己的客户。但是，并不是每个客户都能给自己带来巨大的利润。要想获得优秀的业绩，就必须多接触一些大客户，争取获得较大的订单。

然而，要想接触大客户谈何容易。大客户往往身居要位，时间宝贵，安排紧凑，很难轻易接触得到。鉴于这种情况，很多保险销售员觉得接触大客户是一种奢望，乃至于直接放弃了努力。这种自暴自弃的做法，显然是十分不妥的。

顶级的保险销售员，不仅能坚持开发自己的大客户，还能通过自己的观察，从人群中发现潜在的大客户。在日常生活中，保险销售员会接触形形色色的人，有些人也许只是一面之缘，很多保险销售员不会关注太多，可是顶级的保险销售员不会放过任何一个接触客户的机会，通过客户的购买力，就能基本判断出他的经济水平、身份地位等。也许只是一个偶然的机会，他们就发现了潜在的大客户。

一个人的购买力和收入水平是有着紧密联系的，不同收入水平的客户所能承担的保费及适合的险种也是有所差别的。在日常的衣、食、住、行等方面，都可以对身边的人进行仔细的观察，一旦发现购买力强的人，都可以将其列为潜在目标。

具体来说，在高档消费场所、高档写字楼、高级餐厅、高级酒店、高级娱乐场所、别墅区、行业沙龙等场所中，遇到大客户的概率会比较高。即便保险销售员无法进入某些场所，或是无力承担高额的消费，能够有机会观察客户也是很好的。

通常来说，支付能力较强的客户不会顾忌保费，只要他们深入了解了保险能给自己带来什么利益和价值，往往就会做出投保的决定。更为重要的是，那些具有相似支付能力的人，通常会有一个巨大的圈子，保险销售员一旦取得一个客户的信任，那么就能通过这个客户获得一个高质量的客户群。从这个角度来说，保险销售员更应该重视每一个接触大客户的机会，这是一个获取良好业绩的优质途径。

保险销售员要想做好大客户的开发工作，就要有“保险生活化，生活保险化”的意识。即便在日常生活中，也不要忘记寻找销售保险的机会。可以通过观察他人的消费行为来判断其购买力，然后从中甄别出潜在的大客户。当然，购买力并非判断客户的唯一标准，保险销售员还要对客户的综合情况进行分析，进而选择出最适合、最优质的客户。

销售精英如是说

除非你推销的产品极其特殊，市场单一、狭小，否则，对你来说，每一个人都是潜在客户。

——汤姆·霍普金斯

销售案例

原一平是保险推销界的明星，他所创造的成就常人难以企及。

一天，原一平在一家商场看中了一款价格不菲的手表，可是又觉得有些贵。正在他犹豫不决的时候，一位男士走了过来，询问价格之后直接把原一平看中的那款手表买走了。

原一平在感慨那位男士可以随心所欲地购物的同时，从中发现了销售保险的机会——那位男士能够豪爽地买下如此昂贵的手表，一定具有很强的经济实力。于是，原一平一路跟着那位男士来到了他办公的地方，并巧妙地从保安那里得知了男士的身份。

就这样，原一平找到了一位潜在的大客户。

案例分析

在日常生活中，保险销售员会有很多机会接触潜在的大客户，只是很多人没有仔细观察，或是没有“随时销售保险”的念头。顶级的保险销售员则不会这样，任何一个可能接触到大客户的机会，他们都不会放过。

突破大保单，掌握三个关键点

问 突破大保单的三个关键点是什么？

答 创造轻松氛围、给客户讲故事、做个提问者。

每个保险销售员都希望业绩越做越大，业务越做越好，成为公司甚至行业内的佼佼者。这是保险销售员的梦想，也是不断努力工作的动力所在。但是，事实证明，并不是每个保险销售员都能实现自己的梦想。这说明，做保险销售不仅要吃苦耐劳，还要掌握一定的技巧。

相关调查显示，顶级保险销售员之所以业绩突出，主要是因为他们签下了相当数量的大保单，这些大保单的保费为他们的业绩撑起了大片江山。那么，如何才能赢得大客户的信赖，突破大保单呢？

根据顶级保险销售员的经验，可以总结出三个关键点，如下图所示：

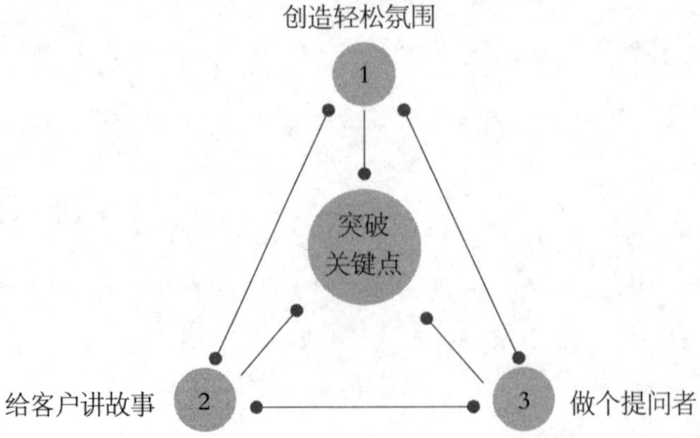

1. 创造轻松氛围

在保险销售的过程中，给客户创造一个轻松的氛围是非常重要的，在身心放松的情况下进行交谈，更容易说出心里话，拉近彼此的距离。比如，在约见客户的时候，可以给客户带点小礼物，或给客户讲个贴心的小笑话等。

2. 给客户讲故事

每个人都喜欢听故事，这是人的一种潜在渴望。在讲故事的过程中，可以穿插一些与保险有关的内容，让客户在听故事的同时，也能接受保险知识的熏陶，这种推销方式，客户会更加愿意接受。

3. 做个提问者

客户对保险总会有自己的诉求，即便有些诉求看起来难以实现，保险销售员也不能随意评论或是与客户展开辩论。在双方各执一词的情况下，往往很难达成一致。与其争论不休，不如换个角度，给客户提出一些无法回避的问题，引导客户逐渐发现保险的价值所在。

高端客户身价不菲，而且工作比较忙，时间比较紧，要想让他们对保险产品产生兴趣，就要在短时间内抓住他们的眼球，掌握上面三个关键点，就能为销售成功提供助力。

俗话说“三十年河东，三十年河西”，它告诉我们事情都是在不断变化的。高端客户虽然目前拥有大量财富，但是在未来的日子里，他们的财富有可能花费掉，有可能赔掉。保险销售员要让高端客户明白，为了最大限度地保护自己的财富，购买保险是一个明智之举。只有让客户明白这个道理，才有可能说服客户，才有可能突破大额保单的瓶颈，获得优良的业绩。

销售精英如是说

一个优秀的推销人员会寻找客户的相关信息，而一个卓越的推销人员会寻找客户内部人员的信息。

——凯斯·费拉兹

销售案例

保险销售员小丽和赵女士约好下午两点在她的办公室见面，商谈保险计划。

小丽提前半个小时来到赵女士所在的写字楼附近，到超市买了一盒巧克力作为调节气氛的道具。

按照约定的时间，小丽来到了赵女士的办公室，并把巧克力送给了对方。沟通遇到障碍时，两个人便喝点儿茶，吃点儿巧克力，放松一下紧张的心情。随着时间的推移，两个人越聊越投机，小丽最终顺利拿下了一笔很大的团体保单。

案例分析

与客户约谈的过程中，轻松的氛围有利于双方进行良好的沟通，一个小小的礼物，能够体现保险销售员的关心之意，客户能够从中体会到销售员的良苦用心，对销售员产生亲切感。

第十一章

构建体系——持续增员才能财源滚滚

- ↘ 打造系统，从增员开始
- ↘ 增员秘诀：关注细节，把握关键点
- ↘ 缘故增员：熟悉的人更容易被增员
- ↘ 转介绍增员：高明保险销售员的选择
- ↘ 随机增员：陌生人的市场，增员机会更大

打造系统，从增员开始

问 增员的目的是什么?

答 促进保险行业发展、补充人力资源、提升个人能力等。

从以往的经验来看，增员是保险公司及保险业不断发展的命脉所在。一家保险公司要想充满信心、朝气蓬勃地发展，增员活动绝对是不可或缺的组成部分。对于保险销售员来说，增员有助于打造自己的销售团队和赚钱系统，系统打造好了，财富就会滚滚而来。

可惜，现实却是，许多人做增员，并非积极主动，而是被动地等待公司的决策。如果公司出台一些鼓励措施，保险销售员就积极地进行增员；如果没有奖励，则对增员不予重视。在这样的情况下，个人、保险公司甚至整个保险行业都将受到不良的冲击。

所以说，要想正确而高效地增员，构建一个属于自己的销售体系，首先要搞明白增员的目的。一旦在观念上有了正确的认知，增员行为就会变得具有持续性，就能从被动增员变为主动增员。

简单来说，增员的目的有以下五个。

1. 促进保险行业发展

保险是一个“人力密集”的行业，要想促进这一行业的发展，就必须最大限度地发挥人的作用。只有不断地增员，补充新鲜血液，才能给这个行业带来活力，才能不断地提升销售业绩。

2. 补充人力资源

保险销售的工作十分艰苦，很多人会选择知难而退，这使得这个行业的流动性很大，人员流失严重。为了维持组织的正常运营和发展，通过增员来补充人力便成了一个有效的途径。

3. 提升个人能力

增员就意味着公司来了新人，作为招募者，只有比新人懂得更多、能力更强，才能给予新人更多的帮助和辅导。如果能力不足，就无法令新人信服，这将不利于工作的展开。

4. 增强工作信心

在保险销售的过程中，被客户拒绝几乎是一种常态。在屡战屡败的情况下，保险销售员的心理将会受到极大的打击。通过增员，可以找到更多志同道合的伙伴，大家互相鼓励，有助于增强信心。

5. 拓展人际关系

保险销售员每天都要和潜在客户打交道，认识的人越多，销售成功率就越高。通过增员，保险销售员可以结识不同行业、不同层次的人，这为拓展人际关系奠定了基础。

每个人都知道，时间就是金钱。尤其在现代社会，人们的生活节奏很快，只有在有效的时间里尽量提高效率，才能让时间得到更加充分的利用。而借助一个运转良好的系统，恰恰可以实现时间的延伸，最终达成不断扩充财富的目标。

在保险行业，职位越高的人，收入往往越高。原因是什么？就是因为系统在发挥作用。职位越高，系统越庞大，创造价值和利润的销售员也越多。

所以说，要想争取更大的合同、更大的业绩，保险销售员就应该努力通过增员来搭建自己的体系，随着体系越变越大，保险销售员的职位会越来越高，财富也会越来越多。

销售精英如是说

一旦有人加入我们公司，我们就会千方百计地使其安心在公司工作。

——玫琳凯

销售案例

克莱门特·斯通20岁那年，只身一人来到芝加哥，在那里开了一家保险代理公司。开业之初，公司的生意非常火爆，公司的信誉和前景也被当地人看好。斯通没有放松对自己的要求，通过辛勤的拜访，赢得了越来越多的客户。

为了适应公司经营规模不断扩大的情况，斯通组建了更大的销售团队，一起开展业务。然而，正在他的公司蓬勃发展之际，国内经济出现了滑坡，没有人愿意购买保险了。

为了增强销售员的信心，斯通向他们讲述了自己的亲身经历，并将自己总结出的有效经验传授给销售员们。

公司的全体员工齐心协力，很快让斯通的公司发展起来。

案例分析

随着保险业务的不断扩大，增员成为必然的选择。销售团队中的所有人，都是整体的一部分。主动为陷入销售困境的销售员提供帮助，提升他们的自信心，将对整个团队产生积极的推动作用。

增员秘诀：关注细节，把握关键点

问 常见的增员渠道有哪些？

答 媒体、网站、现场、电话短信、个人推荐等。

增员是一项十分复杂而艰难的工作，许多保险销售员即便明白了增员的目的，但是真正开始增员活动的时候，往往会因为遇到一些意料之外的困难，而选择放弃增员。

对于一个想在保险行业闯出一番天地的人来说，增员是必须经历的一个过程。即便在事业进入低谷的时候，依然要坚定增员的信心。准备做增员的时候，保险销售员不妨问问自己：增员能给我带来怎样的好处？正确的增员观念有哪些？怎样才能有效地增员？下面就对这三方面内容分别进行讲述。

1．增员的好处

个人	保持稳定的业绩，创造升职的机会，提升沟通、管理、业务等能力，增加个人收入，提高个人成就感
组织	提高组织业绩；提升组员士气；保持组织活力和业绩稳定增长；促进良性竞争，及时淘汰不适合组织的员工
公司	提高公司知名度和市场占有率，树立公司良好形象，高效吸引人才，降低管理成本，提升服务效率，储备人才资源

2. 正确的增员观念

增员是 持续的过程	增员是对未来的一种有效投资，而不是为了满足一时的升职需要，它应该是一项持续的工作
选择符合 标准的人才	增员是为了增加合作伙伴，提升个人和公司的竞争力。只有那些符合标准的人才，才能对事业的发展和成功起到推动作用
增员结束意味着 新人岗前培训的开始	成功招募到新人，并不意味着增员工作的结束，还要帮助新人尽快了解公司情况，适应公司环境，掌握保险相关知识和销售技巧等

3. 选择恰当的增员渠道

媒体	在报纸、杂志、电视台、电台等媒体发布招募信息
网站	在公司网站、招聘网站等网站发布招募信息
现场	在招聘会、学校、人才中心等场所进行现场招募
电话、短信	通过电话中心或信息发布平台进行电话、短信招募
个人推荐	由现有保险销售员或公司其他内部人员进行推荐

在增员过程中，会有许多难以预料的情况出现，但是只要克服了这些难题，新的发展契机就会出现。在增员中遇到困难时，千万不要怀疑自己，坚持梦想，坚定信心，抓住关键点，从微小的细节入手，不断地提升自己的增员能力，一定可以实现增员目标，壮大自己的销售体系。

销售精英如是说

只要心中有“三点”（每天比别人“多一点、高一点、大一点”），然后认真去做，很快就会成功。

——柴田和子

销售案例

张杰在保险行业摸爬滚打多年，从普通业务员做到业务经理，手下的员工逐渐增加。在增员过程中，他深刻地意识到，只有不断增员才能让自己的组织不断壮大，赚钱系统才能运转得越来越好。

在别的业务经理因为增员太难而逐渐放弃的时候，张杰始终在坚持，他坚持认为增员能为自己带来超乎想象的回报。事实证明，他的想法和做法都是明智的。当他逐年增员，慢慢建立起一个50人的团队时，他所取得的业绩已经远远超过了身边的同事。

案例分析

增员是个人和公司发展的必经之路，这个过程也许要历经坎坷和反复，但是只要坚持下去，就能取得巨大的业绩。张杰在别人放弃时坚持走增员之路，最终也因为增员而获得了高额的回报。

缘故增员：熟悉的人更容易被增员

问 采用缘故增员的方式，有哪些比较常见的好处?

答 市场广阔、维护成本低、便于选择、易于管理、实现共赢等。

一谈到增员，很多保险销售员首先想到的是缘故增员，也就是将自己认识的人——亲戚、朋友、邻居等作为增员目标，这种增员手段相对简单，而且非常容易上手，所以很容易成为保险销售员增员的第一选择。

保险销售员的销售市场中，缘故市场是一个重要的组成部分，它涉及面较大，增员对象较多且易于接触。下面介绍一些常见的缘故市场及其对应的增员对象，如下表所示。

亲戚朋友	父母、兄弟姐妹、旁系亲属、自己的朋友、亲戚的朋友等
同学、校友	从小学到大学或各种补习班认识的同学、老师、校工等
邻居	同一栋楼、同一个小区或是同一个街道的邻居、街坊等
前同事	以前共事过的员工、领导、客户、生意伙伴等
通过孩子认识的人	孩子的老师、孩子同学的家长等
通过配偶认识的人	配偶的同学、朋友、同事等

续表

参加社团认识的人	在骑行团、足球队、书画社、桥牌协会等社团结识的人
日常生活中认识的人	在超市、水果店、药店等场所认识的人

从上述内容不难看出，缘故增员市场是一个潜力巨大的市场。在这个市场中，有许许多多我们熟悉的人可以成为增员对象。采用缘故增员的方式，有五种比较常见的好处：

市场广阔	可供选择的增员对象数量庞大，涉及面广，市场前景看好
维护成本低	缘故市场中都是相对熟识的人，在平时的交往中便可以完成市场维护，节约了维护成本
便于选择	彼此比较了解，可以做出准确判断，哪些人适合做增员对象，哪些人不适合做增员对象，容易辨识，可轻松做出选择
易于管理	彼此熟悉，互相信任，和谐稳定，忠诚度高，管理起来相对容易
实现共赢	好机会大家一起分享，大家共同进步，赚取财富

对于保险销售员来说，选择缘故增员既能轻松入手，又能利用现有的各种资源，可谓增员的极好选择。从熟悉的人开始增员，能够减轻增员压力，使保险销售员在相对轻松的环境中开始增员之路，为更多的增员打下坚实的基础。可以说，要想快速构建自己的销售体系，实现财富的迅速增长，从缘故对象着手，不失为一剂良方。

销售精英如是说

最佳的销售语言是那些能浸透人内心的语言。

——金克拉

销售案例

苗苗和莉莉是大学时的同学，毕业后，俩人到同一个城市工作。虽然不在同一个公司，但是平时见面的机会很多。

三年之后，苗苗在保险公司已经小有所成，莉莉也在自己的公司做得风生水起。苗苗想到，莉莉已经积累了不少财富，应该向她推荐一款保险作为保障。于是，她打电话约莉莉见面。然而，苗苗没有想到，莉莉一个星期前就辞职了。这下，苗苗的推销计划泡汤了。不过，苗苗并没有灰心丧气，因为她从中看到了增员的机会：既然莉莉已经辞职，可以让她和自己一起卖保险啊！

打定主意后，苗苗便把自己的想法告诉了莉莉，莉莉正发愁合适的工作不好找，又看到苗苗保险销售做得那么成功，便答应了。

案例分析

熟悉的人之间互相比较了解，脾气、秉性等也比较相似，交流起来会有更多的共同话题。把熟悉的人视作增员对象，成功的可能性更高。苗苗敏锐地发现机会，把推销变为增员，为莉莉找到了工作，也充实了自己的团队。

转介绍增员：高明保险销售员的选择

问 常见的转介绍增员方法有哪些?

答 身边的人转介绍、同事之间转介绍、客户转介绍等。

有这样一种说法：这个世界上95%的人都是聪明的，天生智商低下或智商超群的人，毕竟只是少数。也就是说，大部分人的智商都是差不多的，在脑力方面并没有非常大的区别。

但是，聪明人中也有一些高明的人，他们懂得把自己的聪明隐藏起来，懂得借助外力来发展和壮大自己。单就保险销售员来说，会做转介绍的人都是高明的人，因为他们知道借力的好处，也知道如何借力。

美国的一位寿险销售冠军曾经写过一本《最高行销机密》，这本书主要就是讲与转介绍有关的内容。他做业务时，最推崇的就是转介绍的方法。通过客户之间的转介绍，不断扩大人脉网络，进而增加业务量和销售额。

会做转介绍的销售员，不但业务做得好，增员的成绩也非常不错。可是，在我们身边，很多销售员却不懂得利用转介绍这一方法来实现增员。

一般而言，常见的转介绍方式有以下3种。

身边的人转介绍	身边的人常常可以见到，彼此之间的关系也相对熟络，对这样的人可以适当地提出转介绍的要求，对方出于情面也会出手相助
同事之间转介绍	公司的内勤人员、培训部的老师、营业区的同事都可以做转介绍
客户转介绍	客户转介绍是一种优质转介绍，因为客户有购买力，所以他介绍的人也会有相似的购买力，这就是所谓的“物以类聚，人以群分”

单纯依靠缘故增员，能够增员的数量十分有限，并不能满足增员的要求，而采取转介绍增员就是一个十分有效的方法。一个人的力量毕竟是有限的，但团队的力量是无穷的。当自己无法完成一项工作时，不妨试着借助别人的力量，通过合力来完成艰难的工作。很多人之所以无法顺利完成增员，无法做出大的成就，就是因为只知道依靠自己的力量，而没有借助他人的力量。

转介绍的高明之处就在于可以借助介绍人的力量来实现增员的目的，对于保险销售员来说，这是一种简单有效的增员方式，既能增进与介绍人之间的感情，又能实现有效增员的目标，可谓一举两得。

销售精英如是说

生命中最重要的事情不在于你从哪里开始，而在于你要往哪里走。

——柴田和子

销售案例

王明是一家保险公司的经理，正面临增员的关键时期。每天睁开眼，最先想到的就是如何增员。

这一天，王明如往常一样开着车去公司上班。开到门口保安岗亭的时候，一个身着保安制服的陌生男人映入了他的眼帘。于是，他摇下车窗，向熟识的保安询问那人是谁。保安告诉他，那是新来的刘队长。

晚上下班回来，王明偶然遇到了刘队长，于是主动和刘队长打招呼，并做了自我介绍。刘队长也亲切地和王明打起招呼来。王明和刘队长熟识之后，便让刘队长给自己介绍合适的人做保险。刘队长推辞不过，便答应了下来。从这之后，王明每次见到刘队长都会提及找人做保险的事。经过七八次之后，刘队长实在过意不去，只好给王明介绍了一个人。

案例分析

让熟悉的人做转介绍，是增员的一个有效途径，熟人之间有交情，一旦应承下来，就必须考虑如何还上人情。在刘队长承诺帮忙找人以后，王明时不时提起这件事，这让刘队长产生了巨大的心理压力，为了避免失信于人，只好给王明介绍了一个人。

随机增员：陌生人的市场，增员机会更大

问 要想实现随机增员，保险销售员需要掌握哪些正确的方法?

答 巧用赞美、贴标签、分析需求、持续观察等。

对于很多保险销售员来说，随机增员是一种最不受欢迎的增员方式，只有在迫不得已的时候才会进行随机增员。有这样的想法和选择，其实并不为过，毕竟大多数人对陌生人都心存芥蒂，无论是沟通还是相处，都存在某些隔阂和障碍。但是，换个角度想一想：虽然随机增员需要面对素昧平生的陌生人，可是陌生人的数量难以估量，增员的机会相对也更大一些。有了这样的认识，对随机增员的恐惧感就会减轻许多。

关于随机增员，下面两个观点十分重要，正确认识这两个观点，将会对增员起到十分积极的推动作用。

1. 陌生市场是最大的市场

对于很多人来说，陌生人会让人觉得恐惧，因为陌生，便担心自己不被信任，更害怕被拒绝。但是，每个人能够拥有的市场都是有限的，已知市场上的增员目标，显然没有陌生市场上的目标多。甚至可以说，陌生市场是没有界限的，可以做到无限大。

2. 采用正确的方法

增员活动是一项十分复杂的工作，能否成功增员陌生人，首先要看能否

和陌生人成功结识。毕竟，所有人对陌生人都是心存抵触的，只有先和陌生人成为朋友，才有可能将其发展为增员对象。鉴于此，想要实现随机增员，保险销售员需要掌握一些正确的方法，具体内容见下表。

巧用赞美	赞美之声会让人失去抵抗力，巧用赞美有助于轻松走进对方的内心世界
贴标签	沟通的方法多种多样，你希望对方呈现怎样的状态，就可以给他贴上怎样的标签，比如善良、和蔼等
分析需求	分析陌生人的真实需求，才能凸显出针对性，才能创造最大化的价值
持续观察	每个人都处于动态之中，目前不想做保险，不意味着以后不会做，持续跟进和观察，才能在恰当的时机实现增员

随机增员是一项艰难的工作，但是处处充满机会，每个陌生人都可能成为增员的对象，在这个无限大的市场里，虽然不能保证每个增员对象都能成功实现增员，但是对象基数大，成功率就算不高，增员的数量也会比较多。对保险销售员来说，陌生市场是一个很好的增员市场，这里的机遇比挑战更多，更有吸引力。

销售精英如是说

我成功的秘诀相当简单，为了达到目的，我可以比别人多努力一倍，多艰苦一倍，而多数人不愿意这样做。

——乔·坎多尔弗

销售案例

马可在保险公司做了一年后，业务量有所增加，于是，他想到了通过增员来满足业务需求。

一天，马可正在家里休息，有一名快递员上门送快递。马可忽然意识到，自己身边的快递员、推销员等，都是可以增员的对象。

有了这个念头之后，马可再遇到推销员时，便不再随意把他打发走，而是和对方认真地聊上一段时间。通过这种方式，马可成功地把很多陌生人揽入自己的销售团队之中。

案例分析

陌生人的市场是非常巨大的，身边的每一个陌生人都可以成为增员对象。马可偶然之间的顿悟，为他带来了源源不断的增员对象，而且这些对象都是主动送上门的，为他节省了寻找对象的时间。

附录

保险销售员口才训练方法

对于保险销售员来说，口才训练是日常工作的重要组成部分。通过良好的口才，达到有效说服客户的目的，对保险销售工作会有积极的促进作用。

通常来说，保险销售员可以借助以下几种方法，来训练和提升自己的口才水平。

一、自说自话法

从字面意思就能看出，这种训练方法就是自己对自己说话，主要步骤有四个，分别是自备材料、自我讲述、自我纠错、自我总结。

1. 自备材料

准备材料的过程中，一般需要做好四项工作，分别是：

（1）读一篇能够分享的文章；

（2）仔细聆听别人说完一段完整的话；

（3）默想好一段富有思想、有头有尾的内容；

（4）写一份发言稿或演讲稿。

而且，做这几项工作的时候，需要注意以下三点：

（1）要做到目标明确，有意识地准备能配合讲述的东西；

（2）讲述时要注意条理，理出材料蕴含的意思，编成讲述大纲；

（3）要主次分明，抓住重点。

2. 自我讲述

自我讲述的过程中，通常需要做好以下三点：

（1）把每一次练习都当作真实场景去训练，这样才能获得实战经验；

（2）讲述时要投入感情，表现出丰富而恰当的表情、神态等；

（3）运用肢体语言，多感官协同动作，增强练习效果。

3. 自我纠错

借助录音等手段，寻找训练中出现的问题和错误，并对它们进行归纳总结，力求在以后的训练中避免再犯同样的错误。

4. 自我总结

定期进行总结，吸取过往训练中的经验和教训。引以为戒，并为下一阶段的训练做好计划和安排。一步一个脚印地做好训练，逐步获得较好的口才。

二、快速朗读法

快速朗读的方法，可以锻炼人的口齿，令保险销售员的语音更准确，吐字更清晰。运用这种训练方法，以下三点需要注意。

1. 训练步骤

这种训练方法的基本步骤有三步，操作起来非常简单。

（1）找一篇演讲稿或文章；

（2）处理演讲稿或文章中的生僻字，确保能够流畅阅读；

（3）开始大声朗读。

2. 基本要求

保险销售员在阅读时，尽量不要停顿，发音要准确，吐字要清晰，尽量做到发声完整。这是快速阅读的前提，如果做不到这些基本要求，那么速度加快之后，客户就很难听清销售员在说什么。

3. 优点

（1）通常不受时间和场地的限制，只要有一篇文章就可以进行；

（2）不需要别人配合，一个人就可以完成训练。

三、模仿法

这是一种简单易学、见效很快的方法。模仿的过程其实就是学习的过程，具体方法有以下3种。

1. 专人模仿

（1）拜访一位口才能力强的人，录下几段他的精彩发言，回去后进行模仿；

（2）录下自己喜欢且音色与自己相近的播音员、主持人、演员等专人的声音，进行模仿。

2. 专题模仿

几个同事聚在一起，请其中一位同事讲一段故事或一个笑话，然后其余各位同事轮流进行模仿，对模仿得最像的同事给予表扬。

3. 随机模仿

生活中每一个口才好的人，都可以成为模仿的对象，发现适合自己模仿的或是可以模仿的人，就对其声音、语调、动作等展开仔细观察和学习。

保险销售员训练口才的方法多种多样，有些方法销售员随时随地都能应用。只不过，一些销售员对此并不上心，以至于白白浪费了许多训练口才的好机会。实际上，只要保险销售员愿意投入时间和精力，并找到适合自己的训练方法，那么口才能力一定会节节高升。